華志文化

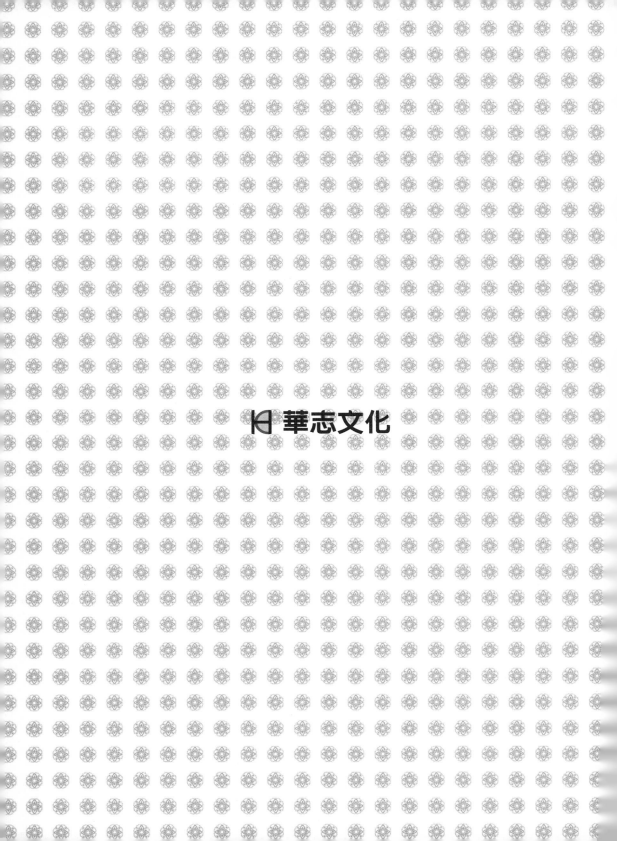

華志文化

論語

論語全書

做人處世的偉大經典

今天，愈來愈多深切關注人類命運的人士痛心疾首地振臂高呼：我們必須奮起抵禦物質力量對精神家園的侵蝕。我們要努力維護做人的尊嚴和人格的獨立。這在每一個熱愛生命、珍視精神生活的人心中激起了廣泛的共鳴。因此，「重建精神家園」成為當代中國人傾心相向的話題。

「精神家園」是一個寬泛的範疇，應該說它不僅包括個人生活方式的選擇。還包括各種價值觀念的精神取向。放眼全球，可以說「重建精神家園」也是一個世界性的話題。我國的「精神家園」的狀況尤為複雜，新與舊、中與西混合發展，經濟生活的嬗變對精神生活的震撼與衝擊十分強烈，人們心目中的許多東西褪去了神聖的光環，卻還沒有找到一套取而代之的令人信服的觀念體系。所以「重建精神家園」又是尖銳而迫切地成為當代中國人肩負的時代重任。

本書旨在針對當代中國人的精神境遇，選擇了古今中外公認的思想大師——孔子，闡釋他閃爍著智慧光芒的人文思想，並引導讀者覽閱其原著精華。

時至今日，距孔子生活的春秋時期，已有二千五百多年，了解和學習《論語》對每個現代人而言，仍然具有現實的積極意義。

這是因為在《論語》之中，包含著許多為人、處世、治學、

為政等多方面的智慧，這些智慧都具有普遍意義，它不會因時過境遷，而影響其自身的生命力。毫不誇張地說，《論語》的確是一部人人必讀的智慧經典。

《論語》開啟人們的智慧，主要展現在以下幾個方面。

一、**做人之道**。眾所周知，「仁」是孔子思想的核心，對「仁」之論述貫穿《論語》篇章。「仁」被孔子看成是人們應當畢生追求的理想的道德境界。

二、**交友之道**。孔子認識到結交朋友是影響到個人修養的大事，首先應當「里仁為美」，「擇善而居」。

三、**處世之道**。縱觀《論語》，我們可以看出孔子宣導的處世之道有這樣幾個原則：誠信、愛人、中庸，其中，「誠信」是最基本的信條。「愛人」是處理好人際關係的另一項原則。「中庸」，被孔子認為是至德。

四、**為政之道**。孔子子的政治主張，簡而言之，就是實行以道德教化為基礎的賢人政治。對於教育的重視、人才的培育，在今天也是頗具現實意義的。

五、**治學之道**。孔子是偉大的教育家，其教育思想、教育方法在《論語》是隨處皆是。他認為學習是提高人的素質的必要方法。

《論語》內容極其豐富，涉及政治、軍事、經濟、文化、倫理、人際關係等等，儒家學說的核心──仁、義、禮、樂、忠、孝、慈、智、信等倫理均包含其中。本文限於篇幅，以上只是簡明地概述了幾個方面。

所以編著本書的目的在於為每一個追求精神生活的朋友，提供豐富多采的精神食糧。

第一章　三軍可奪帥　匹夫不可奪志

【原文】

子曰：三軍[1]可奪帥也，匹夫[2]不可奪志[3]也。

【注釋】

① 三軍：軍隊的通稱。
② 匹夫：夫婦相匹配，分開說則叫匹夫匹婦，所以匹
　夫指男子。
③ 志：志節。

【譯文】

　　孔子說：「一個軍隊的主帥可能被奪去，但一個普通人的志向不可能被強迫改變。」

【延伸閱讀】

　　在孔子的道德思想中有著很強的人格意識，他認為人格高於一切。即使是在當時階級制度森嚴的社會，人格也是不容侵犯的。「三軍可以奪帥，匹夫不可奪志。」這句話就展現了孔子的人格意識。兩千五多百年來，這句話不知道激勵

了多少的中華兒女，使他們堂堂正正挺立世上，逐漸演化成為中華民族威武不屈的民族精神之一。

在當時的社會背景下，孔子的這句話展現了他對人格的重視和尊重，今天的我們可以把此視為中國最早的人本主義思想的源頭之一。在西方還處於神權至高無上的時代時，孔子已經把志節作為人格的重要內容，比呼喚人性解放的文藝復興時代早了將近兩千年。

「三軍可奪帥，匹夫不可奪志。」這句話裡面的「志」，是指人的志節，包括志向、氣節，反映出孔子對於「志」的高度重視，甚至將它與「三軍之帥」相比。每一個人都有自己的獨立人格，任何人都無權侵犯。不管你有多大的力量，也不能輕易改變別人的意志。沒有志節的人，會失去氣節，在威脅利誘下變得奴顏婢膝，成為人們鄙視的對象。**孔子認為人應該有志向，維護自己的尊嚴，能夠抵抗威脅利誘，始終保持自己的「志節」。**

志節的確立和堅守是非常重要的，也是儒家修身的基本內容之一。孔子本人從年輕時就是擁有志節的人。孔子曾經說過：「吾十有五而志於學，三十而立，四十而不惑，五十而知天命……」由此看來，孔子早在十五歲時就立下了苦學修身的遠大志向，這也是世人稱他為「萬世師表」的重要原因。

同時，孔子還是十分有氣節的人。

魯昭公七年（西元前535年）。當時社會上的政治代表人物有注重養士、招士、禮賢下士的風氣。

孔子十七歲的時候，已經是魯國學識深湛，深孚眾望的青年了。孔子相信憑自己是陬邑大夫的兒子和博學多才，已經具備了士的資格。他認為自己一直缺少機會能夠躋身仕途。

【名家評析】

李贄評：三軍奪帥，亦非易事。藉此以極其形容耳。

　　一天，權傾朝野的魯國相國季孫氏發出消息：在仲冬時節，將在相國府舉辦一次款待文人學士的盛大宴會，招賢納士。孔子也希望透過宴會和季孫氏接觸，讓自己有機會施展自己的政治理想。

　　相國府舉辦宴會這天上午，孔丘來到相國府門口的石頭台階前。一些穿戴華麗、神氣十足、來來往往的紈綺子弟的形象映入他的眼簾；再看看自己穿的孝服，顯然與今天季府喜氣洋洋的氣氛不諧調。孔子心想：母親離世不久，穿孝服正是兒子應懂的禮和德。想著、想著，孔子挺胸昂首，拾級而上。

　　「停住！你是何人？來此做什麼？」大門旁站著的一位兇神惡煞的漢子大喝一聲。

　　「在下孔丘，來參加相府宴會。你是……？」孔丘止步，恭敬回答，並問對方。

　　那漢子手握寶劍，傲慢無理地說：「哈哈哈……知道，孔丘大名誰不知道！至於本人嘛！乃相國的家臣陽貨也！」

　　「失敬了，失敬了！」孔丘對陽貨管家早有所知，未曾見面。孔丘說完，施一禮，向相府走去。

　　可是，陽貨索性伸臂站立大門口中間，擋住了孔子的去路：「今天宴請文人學士，招賢納士，你有什麼資格赴宴！」

　　孔子理直氣壯地說：「我也是士！」

　　陽貨故意用汙言惡語羞辱孔丘：「哈，哈，哈……你算什麼士呀？你還不快走！免得待在這裡丟人！」

　　孔子怒視陽貨，激憤地說：「得意忘形的小雞安知展翅雄鷹之志！對蠻橫無禮之人，我還恥與面對、羞與論爭呢！」說完，氣沖沖地走下石階。

　　孔子負氣回家，坐在書房裡靜思，並認真審視當時的

【名家評析】

　　孔安國評：三軍雖眾，人心不一，則其將帥可奪而取之；匹夫雖微，苟守其志，不可得而奪也。

社會現狀，悟出了一個道理：人生不平坦，磨練成大器。從此，他以更加堅忍的毅力投入苦讀、改革社會和自身修養之中。

立下大志，不一定能夠成就大事，但成就大事者，肯定曾經立過大志。孔子並沒有因為他人對自己的輕視，而怨天尤人，而是為自己立下做一番事業的遠大理想和志向。以後他在教育他的弟子們時，也不忘教育人要有志節，並及早立志的道理。

子路是孔子最得意的學生之一，孔子評價他時說道：「衣敝縕袍，與衣狐貉者立，而不恥者，其由也與！」「不忮不求，何用不臧？」這段話的意思是子路穿著破舊的袍子，與穿著相當高貴的皮袍的人站在一起，他沒有自卑感，絲毫不覺得不如別人，這種氣魄不容易養成。「不忮不求」是形容有的人作了大官，但是子路不想作官；有的人錢多，但子路並不認為錢是了不起的東西，他並沒有覺得窮是悲哀，不把別人升官發財的志向作為自己的志向。就像「不忮不求」說明了子路心中的坦蕩，功名富貴與貧賤之間並沒有分等，無論身分如何，同樣可以擁有遠大的志向。現實生活中，很多人都喜歡名牌，看到別人擁有，自己羨慕不已，覺得自己比不上人家；面對權力趨之若鶩，志向也變得功利和膚淺。

志節另一個內容為守志。孔子認為樹立了遠大的人生志向是第一步，還要時刻不忘自己的志向，保持自己的志氣。守志是人們對所立之志的一貫性和持久性。一個人如果真心為偉大的志向而努力，就不應為暫時低下的生活條件而感到恥辱，否則便不是能篤守大志，為大志犧牲一切的人。孔子把志看得比什麼都重要。立下的志向要持之以恆，不可朝三暮四，一日三志。孔子認為越是在艱苦困難的條件下，越能

【名家評析】

錢穆《論語新解》評：三軍雖眾，其帥可奪而取。志則在己，故雖匹夫，若堅守其志，人不能奪。自子在川上章起，至此十章，皆勉人為學，然學莫先於立志。有志則進，如逝川之不已。無志則止，如為山虧一簣。故凡學而卒為外物所奪，皆是無志。

展現出人守志的堅定態度，絕不能因為環境的惡劣而喪失自己的遠大志向。一個人要守志堅定，面對功名利祿和各種引誘不為所動，才配稱得上一個高尚君子。

在今天的社會很多人會面臨各種誘惑，權、錢、名、色等什麼樣的誘惑都會遇到，你的社會地位越高，遭遇的誘惑就越大、也越頻繁。能否堅守住自己不被誘惑所擊倒，關鍵還看你是不是有氣節。「匹夫不可奪志」的關鍵在於一個人對自己所信奉的原則和理念的堅持，一個被腐敗擊倒的人，絕對不是因為外力太強大，而主要在於內力修為不夠，不能做到「勿以善小而不為，勿以惡小而為之。」反之，不管外力多麼強大，人也有毅力抵抗威脅誘惑。

第二章　從心所欲　不踰矩

【原文】

子曰：吾十有①五而志於學，三十而立②，四十而不惑③，五十而知天命④，六十而耳順⑤，七十而從心所欲，不踰矩⑥。

【注釋】

① 有：同「又」。

② 立：立足，立身於社會。孔子幾次談「立」，都涉及禮儀，認為懂得禮儀才能立於社會，「不學禮，無以立」（《論語・季氏》）。後世廣泛引用「三十而立」，意義卻是：人到三十歲就應有所成就而被社會承認。

③ 不惑：掌握了知識，不被外界事物所迷惑。

④ 天命：自然規律，指不受人力所支配的事情。孔子「不語怪、力、亂、神」（《論語・述而》），不談生前與死後之事，基本上是無神論者，不相信宿命論，因此，這裡的「天命」不宜解釋成天意、命運。

⑤ 耳順：對此有多種解釋。一般而言，指對那些於己不利的意
見也能正確對待。

⑥ 從心所欲不踰矩：從，遵從的意思；踰（ㄩˊ），越過；
矩，規矩。

【譯文】

孔子說：我十五歲時開始立志學習，三十歲的時候已有所成就而
立身於社會，四十歲時知識豐富成熟而不被世事迷惑，五十歲時大致
能掌握自然規律，知道一切事物之所以如此的原因，六十歲能正確對
待各種言論，不覺得不合己意，七十歲時雖然隨心所欲，但一切言行
都自然地符合規矩了。

【延伸閱讀】

這句話描述了孔子學習和修養的過程。孔子以自己的事業歷程
和親身感受為例，總結了自己的人生和事業的發展過程及各個時期或
階段的最大特徵和感受。這一過程是一個隨著年齡的成長，思想境界
逐步提高的過程。我們可以把孔子的思想境界的形成過程分為三個階
段：十五歲到四十歲是孔子學習領會的階段；五十、六十歲是孔子安
心立命的階段，也就是不受環境左右的階段；七十歲是孔子主觀意識
和做人的規則融合為一的階段。孔子在最後的階段裡，道德修養已經
達到了最高的境界。

這句話也解釋了人生事業的發展規律，具有一定的哲理性，展現
了個別性和典型性、一般性和普遍性的特點。這句話還說明了，人的
自身修養不是一朝一夕的事，不可能一蹴而就，要經過長時間的學習
和鍛鍊，是一個循序漸進的過程。其次，自身修養的最高境界是思想
和言行的融合，能夠正確理解和運用社會規則，而不是勉強去做。孔
子這句話對生活在今天的每一個人都非常適用，具有借鑑意義。

在孔子的人生藍圖上，有幾個重要階段被特別地強調出來。孔

子「十有五而志於學」，是他的一個起點，也是他對學生的一種要求。一個人的優秀是從理想開始的，一個人的追求是從志向開始的。立志不是人生可有可無的點綴，而是人為了實現自我價值必不可少的動力。人若失去了理想，就等於失去了靈魂。諸葛亮曾經說過：「夫志當存高遠。」對奮發的人來說，志向是一隻號角；對勤奮的來說，志向是一片征帆；對迷茫的人來說，志向是一聲呼喚；對痛苦的人來說，志向是一爐炭火！

孔子三歲喪父，從小跟著母親過著不算富裕的生活。滿十五歲後，孔子為了幫助家用，從事過儒的工作。在當時，儒是在貴族遇有婚喪祭祀等需要禮儀的場合，雇來配合奏樂念禱的人。母親反對孔子從事這份工作，認為這是低賤的職業。母親的教導讓孔子再度重拾書本。母親過世之後，孔子生活中到處碰壁，故更堅定向學之志。

經過了十餘年苦讀有成，並曾在季桓子家中任職，孔子的名聲漸漸響亮，且開辦了私學，開始以有教無類的精神來教育貴族、平民甚至奴隸的子弟。三十五歲時，魯國內亂，孔子隨魯昭公去齊國，任高昭子家臣，原本希望能為齊景公服務，但為齊相晏嬰所阻。

孔子居齊三年之後，失望地返回魯國重拾教鞭。已經到了不惑之年的孔子以作學問和教學彌補了在政治上的失意，並且在其中領悟了更多的人生哲理。

「立」，首先是心靈的獨立，而後是立足於社會。立就是不動，有了明確的目標就應該堅持。每一個人都有權利去描述他的理想，就應該從立志開始，這是學習的起點。孔子常說：「我非生而知之者，好古，敏以求之者也」。意思是說他不是生下來就了解很多事情，只不過是對古代文化，對古人所經歷的事情非常感興趣，而且能夠孜孜以求，一直認真學習而已。

孔子人生的第二個階段是安身立命。何謂「知天命」？孔子曰：「不怨天，不尤人；下學而上達。知我者其天乎？」人既要學做人，還要知道自己的天命。這個階段是人生的一個轉折期。一方面人的學

的蜂蜜不知凝聚了多少小蜜蜂的心血。

　　戴震是清代著名思想家、文學家、哲學家、考據學家，「乾嘉學派」的代表人物，乾隆年間為《四庫全書》纂修官。他出生於貧寒之家，幼讀私塾，以過目不忘和善思好問著稱。

　　有一次，老師教授《大學章句》，戴震愈聽愈覺得可疑，於是向老師發問：「這句話怎麼知道是孔子所說而曾子記述，又怎麼知道是曾子的意思而是學生記下來的呢？」

　　老師難以回答這個出乎意外的疑問，於是抬出朱熹這一權威：「這是朱文公說的。」

　　戴震馬上問：「朱文公是什麼時候的人？」

　　老師回答他說：「宋朝人。」

　　戴震追問：「曾子，孔子是什麼時候的人？」

　　老師回答：「周朝人。」

　　戴震又問：「周朝和宋朝相隔多少年？」

　　老師說：「差不多二千年了。」

　　戴震問：「既然這樣朱文公怎麼知道這些？」

　　老師被問得啞口無言，只得說：「你是一個不尋常的孩子。」

　　戴震不僅好問，並勇於提出自己的看法和見解，敢於懷疑先賢，懷疑課本，而不是一味地聽從權威的解釋。明代陳獻章曰：「前輩學貴有疑，小疑則小進，大疑則大進。疑者，覺悟之機也，一番覺悟，一番長進。」「疑」和「問」是思的表現。非學無以致疑，非問無以廣識。好學而不勤問，非真能好學者也。思與學，始終相輔而行。

　　在學習的過程中，學和思不能偏廢。孔子主張學與思相結合。只有將學與思相結合，才可以使自己成為有道德、有學識的人。如果人們一味的讀書，而不進行深層次的思考，

【名家評析】

　　胡適：學與思兩者缺一不可。有學無思，只可記得許多沒有頭緒條理的物事，算不得知識。有思無學，便沒有思的材料，只可胡思亂想，也算不得知識。但兩者之中，學是思的預備，故更為重要。有學無思，雖然不好，但比有思無學害還少些。

只能被寫書者的經驗牽著鼻子走，就會被書本知識所累，從而受到書本表象的迷惑而不得其解。反之，一味地埋頭苦思而不進行知識的累積，看似合理的邏輯研究推敲，也只能流於對知識的空想，實際問題仍得不到解決，隨之而來的是更多的疑惑和困惑。只有把學習和思考結合起來，才能學到有用的真知，也是效率最高的學習方法。

「學而不思則罔，思而不學則殆」解釋了孔子所提倡的學習方法。荀子也說過：「吾嘗終日而思矣，不如須臾之所學也；吾嘗跂而望矣，不如登高之所見也……君子生非異也，善假於物也。」西方的哲人康德說過：「感性無知性則盲，知性無感性則空。」與我國古哲人的認識是驚人的一致。學習的目的是應用，是為了解決實際問題，學而不思地死讀書，無論是死記硬背還是囫圇吞棗，讀至白頭也無用。而不學只思，會讓人的思想漸漸遠離實際，更會給自己成長和成才帶來危害。學習與思考相結合的學習方法，在今天的教育活動中有其值得肯定的價值。

第四章　博學而無所成名

【原文】

達巷黨人①曰：「大哉孔子！博學而無所成名②。」子聞之，謂門弟子曰：「吾何執？執御乎？執射乎？吾執御矣。」

【注釋】

① 達巷黨人：古代五百家為一黨，達巷是黨名。這是說達巷黨這地方的人。

② 博學而無所成名：學問淵博，因而不能以某一方面來稱道他。

【譯文】

達巷黨這個地方有人說：「孔子真偉大啊！他學問淵博，因而不能以某一方面的專長來稱讚他。」孔子聽了，對他的學生說：「我要專長於哪個方面呢？駕車呢？還是射箭呢？我還是駕車吧。」

論語全書

【延伸閱讀】

這句話表達了孔子對自己的評價。射箭的最大特點是人要始終瞄準於一個靶心，可以暗喻成專才；而駕車不會只有一個方向，被暗喻為通才。孔子一生努力使自己成為能適應各個方面的通才。在這裡，孔子藉達巷人的口，使人們知道，他不僅是這樣要求別人的，他自己也是這樣身體力行的。

孔子博學而多才，是一位不折不扣的聖人，否則他的身邊也不會聚集那麼多的弟子。如果孔子沒有真才實學，他的弟子怎麼會眾口一詞地對他表示服膺與維護。被稱為「孔子文化第一書」的《孔子家語》中的〈辯物〉篇裡，記載了孔子關於各種事物的論斷、談話，證明了孔子的博學多聞、好古敏求以及敏銳的洞察力。

那麼，孔子是如何讓自己變得「博學」呢？

第一：好學與樂學。這是孔子博學的重要原因。孔子本人對自己也是肯定的，子曰：「十室之邑，必有忠信如丘者焉，不如丘之好學也。」這句話的意思是說：十戶人家的地方，一定有像自己一樣忠信的人，只是都趕不上我孔丘的「好學」。子曰：「三人行，必有我師焉。」孔子幾乎不放過一切求知的機會。學生子貢曰：「夫子焉不學？而亦何常師之有？」孔子「學無常師」也說明他的「好學」，唯其好學，才能「博學」。孔子好學，誠如黃庭堅所說：「君子無一日不學也，豈唯日哉？無一時不學也，豈唯時哉？無須臾不學也。」

郯國國君至魯來朝見魯公，談論少昊氏何以以鳥名官。孔子聽說後，便前往求教；孔子也曾適周問禮於老子；進入魯國太廟時，遇有不明白的事情便一一詢問請教；他還向師

【名家評析】

劉寶楠《論語正義》評：射御久為夫子所學，此時聞黨人譽己，恐門人弟子惑於美譽，專騖為博學，而終無所能，故就己所學射御二者求之，只當執御，以示為學當施博而守約也。

襄學琴。正是因為虛心學習，不恥下問，所以他深諳禮儀，熟悉音樂，學識廣博。

孔子還「樂學」。子曰：「知之者，不如好之者；好之者，不如樂之者。」古希臘的亞里斯多德曾把思辨的快樂視作是神才配享有的幸福，而孔子也是把學習作為人生的一種快事來對待。今天的人常說「態度決定一切」，以孔子的求學態度，怎麼可能不博學多才呢？

第二：多能鄙事。這是孔子博學的直接原因。有人問孔子「何其多能」，他的回答是「吾少也賤，故多能鄙事」。孔子的祖先是宋國貴族，據傳為微子啟的後代，後因朝中內爭避禍至魯。孔子出身於沒落貴族家庭，他的社會身分屬於「士」，是貴族的下層。孔子幼年喪父，過著貧賤的生活。他曾經當過吹鼓手，二十歲左右時為魯國貴族季氏做過管理帳目的「委吏」，當過管理牲畜的「乘田」。

正如前文提到的那個故事：孔子的母親去世後不久，魯國的執政大夫季孫氏「饗士」，孔子當時還在守喪期間，腰間還繫著孝麻。但是，孔子興沖沖地去了，卻被季孫氏的家臣陽貨擋在門外。

這對於急於進入貴族階層的孔子來說，不啻於當頭一棒。青年時期的孔子在逆境中更加奮發向上，博覽群書。

第三：追求更高的精神境界。孔子之「博學」，包含的內容極廣，但不局限於讀書而已。學，學問也，泛指知識與技能。孔子所追求的「學」，除了透過讀書以求得知識，還有關乎品行、主乎忠信的道德人格修養，更有天下治平、大道運行的哲學思考。孔子「十有五而志於學」，立志所向並不是一般的知識與技能，而是一種治國平天下的大學問。孔子以廣博的知識與技能，成就他的「大學問」的基礎。

儒家將全能人才作為個人奮鬥的理想目標。所指的全能人才，是接受了全面均衡教育才實現的。而孔子選擇學習御的說法，在展現了儒家追求學問至上的同時，也顯示出了其對專項技術的歧視。雖然孔子鄙視專項技術存在一定的偏頗，但是他對博學的認識以及如何變得

博學，對今天的人們仍舊有著重要的啟示。

人類進入現代社會之後，社會分工越來越細，很多領域非常需要專門的人才。但是，今天的很多領域都是互相影響，互相依存的，不太可能做到獨存。作為一個社會人要想提升自己的能力，除了在某領域達到相當的水準，也越來越需要涉獵各個方面的知識和技能。專才可以讓人獲得一份工作，但不博學就很容易遇到個人發展的瓶頸。

從另一個角度上講，「吾將執御」是不是還可以理解為孔子希望自己成為領導文化的人呢？孔子作一個歷史時代的先驅者，弟子們把他言行記錄下來，供後人以品讀。但什麼樣的人才能夠有這樣的資格呢？必然還是博學多才的聖人。

【名家評析】

桂文燦《論語皇疏考證》評：言大哉孔子，廣學道藝，周遍不可一一而稱，故云無所成名也，猶如堯德蕩蕩，民無能名也。

第五章　君子後進於禮樂

【原文】

子曰：先進於禮樂①，野人②也；後進於禮樂③，君子④也。如用之，吾從先進。

【注釋】

① 先進於禮樂：這裡指先學習禮樂而後再做官的人。
② 野人：這裡指樸素粗魯的人，或鄉野平民。
③ 後進於禮樂：先做官而後再學習禮樂的人。
④ 君子：這裡指統治者階層。

【譯文】

孔子說：「先修養好禮樂後做官的，是一般的士人；先有了官位後修養禮樂的，是貴族士大夫的子弟。如果選用人才，那我主張選用先修養好禮樂的人。」

【延伸閱讀】

孔子生活的時代，等級制度森嚴，貴族士大夫屬於有特權階級，他們可以選擇先做官。而一般的士人，由於社會

地位低微，必須先提高自身的修養，才有做官的可能性。那麼，「先進」與「後進」，孔子更是贊同哪種觀點呢？

「先進於禮樂，野人也」意思是說：先學習禮樂，而後進入仕途，這些人是鄉野平民。他們都是來自於民間，學習禮樂是為了修養自己的德行，他們入仕途憑藉的是自己的德行和才智。「後進於禮樂，君子也」意思是說：先繼承官位，而後才學習禮樂，這些人是世襲的君主貴族子弟。他們憑藉家族的勢力進入仕途，學習禮樂只是為了文飾自己。「如用之，吾從先進」表明了孔子對待這兩種人的態度，如果要選拔人才的話，他寧願從先學習禮樂的鄉野之人中去尋找。

「先進」和「後進」的區別是學習和做官的順序不一樣，進入仕途憑藉的條件不一樣。孔子提倡「先修養好禮樂後做官」。他認為先學好了，才可以去做官，以便更好地推行仁道。在孔子時代，由於鄉野平民開始獲得學習禮樂和從政做官的機會，使得當時的統治者在選拔人才時需要做出一個選擇：到底是選拔有背景的貴族子弟呢？還是選拔有真才實學的平民子弟呢？面對這種矛盾的狀況，孔子的思想打破了當時的等級制度，在選拔政治人才時，統治者應當拋開階級的偏見，在禮樂面前人人平等，與其選拔「後進於禮樂」的「君子」，不如選拔「先進於禮樂的」的「野人」。

禮樂是孔子時代一個人的「必修課」，是一個人文化知識水準高低的象徵。簡單地說就是強調知識的重要性，不斷提升自身的修養。比如，一個人要從事某項工作必須具備相應的能力。人們應該抱著好學的心態，對待學習切不可馬虎，更不能有依賴心理。現在一些年輕人因為父母的人脈，從小不重視學習，把自己未來全部交到了父母的手上。人脈關係無法彌補一個人在文化素養上的缺陷。就算他真的因為

【名家評析】

楊伯峻著《論語譯注》評：先學習禮樂而後做官的是未曾有過爵祿的一般人，先有了官位而後學習禮樂的是卿大夫的子弟。如果要我選用人才，我主張選用先學習禮樂的人。

背景而獲得高位，但誰又能保證他今後就一帆風順呢？學到的知識是一個人一生擁有的財富，靠關係和背景獲得的東西永遠都是暫時的。

　　從企業、社會或者國家的角度來看，**選拔人才更不可因為某些人持有特權而委以重任**。繁榮昌盛不是靠裙帶關係可以實現的。保持一個企業、社會或者國家的活力，就要建立一個選拔人才的機制。無論何時都不能「任人唯親」，而是要「任人唯賢」。如果一些上司在任用下屬時，不是視其是否有才能，而是根據自己的好惡，使一些無德無能的人進入管理階層，勢必把真正有志有才之士拒之門外。這樣做是一種浪費，是一種損失。孔子主張「學而優則仕」，我們不能武斷地批評讀書為做官就是「官本位」思想，讀書做官沒有什麼不對，但是孔子認為做官的前提還是離不開學習。試想，一個不學無術的人怎麼可能做一位好官呢？貞觀之治時的賢臣名將很多都是草莽出身，但卻為唐朝立下了汗馬功勞。再比如唐朝著名的諫諍之臣魏徵，雖然曾經為李世民之敵李建成做事，但李世民賞識他為人才仍加以重用。

　　從更廣的角度來講，今天我們選拔人才，除了看一個人是否有良好的心理素質、政治思想和品德作風外，更要看這個人的知識素養、文化水準，是否具有與該職位相匹配的能力。那些正在學習的青少年們，必須把自身的修養和學歷提高到一個相當的層次，學有所成才能更好地實現自己的人生價值，成為對社會和國家有用的人。人生就是不斷學習、不斷進取的過程，是不容停滯和倒退的！

　　孔子這句話的前瞻性不僅僅展現於禮樂面前人人平等，還展現了以人民群眾，或者說是鄉野百姓文化為主的思想精神。李贄評析：「從來君子不如野人。」在李贄的時代，正是虛偽之君子盛行的年代。孔子的話含蓄地批評統治階級的

【名家評析】

　　程頤曰：先進於禮樂，文質得宜，今反謂之質樸，而以為野人。後進之於禮樂，文過其質，今反謂之彬彬，而以為君子。蓋周末文勝，故時人之言如此，不自知其過於文也。

愚蠢，不能積極向鄉野平民學習，不懂得從民間文化中汲取營養，發展禮樂等，不能保持菁英文化的活力和生命力及先進性。如果單從貴族士大夫階級中選拔人才，只能證明統治階級的保守，甚至是落後。

第六章　從其善 改其不善

【原文】

擇其善者[①]而從之，其不善者而改之。

【注釋】

① 善者：好的，長處，優點。

【譯文】

孔子說：「我選擇他善的方面向他學習，看到他不善的方面就對照自己，改正自己的缺點。」

【名家評析】●●●

　　楊伯峻曰：我選擇他善的品德向他學習，看到他不善的地方就作為借鑑，改掉自己的缺點。

【延伸閱讀】

《論語・述而》中說：「擇其善者而從之，其不善者而改之」。意思是要選擇他人善的品德向其學習，看到他人不善的地方就作為借鑑，改掉自己的缺點。這是一種虛心地向一切有長處的人學習的態度。不管什麼人，只要他有一技之長，人們就應該向其學習。也就是選擇別人的優點加以學習；對別人的缺點和錯誤也要引以為戒，參照自己的情況加以改正，不要重犯。每個人都應該有一種極為謙虛的學習態

度。

現在很多人常以自我為中心，不具有欣賞別人優點的美德。不謙虛的心態會讓你變得目中無人，把自己獨鎖在「驕傲王國」裡，總是覺得別人的長處和優點微不足道，卻沒有意識到自己的狹隘。

人們產生驕傲往往源於自己的某方面特長和優勢。每個人都應該客觀地分析自己的能力，不能把自己的那點小成績作為驕傲的溫床。在這個世界上，你所具有的優勢只不過限定在一個很小的範圍內，放在一個較大的範圍內很有可能失去這種優勢，優勢只是相對而言。人要懂得「人外有人，山外有山」的道理，不要為自己取得的小成就而驕傲。

不正確的比較也容易滋長驕傲情緒。很多人為了求得心理平衡，或者是礙於面子，總是以己之長比別人之短，讓自己佔有優勢，甚至是沾沾自喜。世界上沒有完美的人，誰都會有一些優勢，同時也會有一些不足。虛心使人進步，懂得欣賞別人的優點，才能夠正視自己的不足，同時汲取別人身上的優勢，來彌補自己的不足之處。

自以為是的人，會看不起別人的長處。這種心態往往會過高地估計了自己的能力，會讓自己處於被動的學習狀態，嚴重阻礙個人能力的提高。正所謂「學海無涯」，即使你是一位大學者，你掌握的知識恐怕也只能是滄海之一粟，九牛之一毛。但如果他能夠做到「三人行，必有我師焉」，就能走出認知上的狹小圈子。孔子之所以能夠成為聖人，在於他能夠不斷反省自己的不足，能夠找到自己的缺點或者做得不好的地方，然後及時改正，自覺地加以克服，在反省中獲取前進的力量。

《三字經》中有這樣一句話：「昔仲尼，師項橐。」「仲尼」是孔子的字，而「項橐」是燕國的一個普通少年。

有一天，項橐見到孔子時說：「聽說孔先生很有學問，特來求教。」

孔子笑著說：「請講。」

項橐朝孔子拱拱手問：「什麼水沒有魚？什麼火沒有煙？什麼樹沒有葉？什麼花沒有枝？」

孔子聽後說：「你真是問得怪，江河湖海，什麼水都有魚；不管柴草燈燭，什麼火都有煙；至於植物，沒有葉不能成樹；沒有枝也難於開花。」

項橐一聽，晃著腦袋說：「不對。井水沒有魚，螢火沒有煙，枯樹沒有葉，雪花沒有枝。」

孔子歎道：「後生可畏啊！老夫願拜你為師。」

謙虛是人的一個重要的特質。謙虛的人能夠正確把自己和別人相比較，透過觀察，能夠看到別人的優點或缺點，並要承認自己存在不足。和別人比較就像照鏡子，但應該做到「見賢思齊，見不賢而內省」。謙虛讓人變得虛懷若谷，能夠聆聽別人的心聲，尋求來自外部的有益建議。面對紛繁複雜的社會狀況，人們必須謙虛謹慎。每個人都需要採納別人的有益意見，拓寬自己的視角。

生乎吾前，其聞道也，固先乎吾，吾從而師之；生乎吾後，其聞道也亦先乎吾，吾從而師之。吾師道也，夫庸知其年之先後生於吾乎？是故無貴無賤，無長無少，道之所存，師之所存也。

這是韓愈在《師說》中說的一段話，意思是說：出生在我之前，他懂得道理，本來比我早，我當然要跟著他學；出生在我之後，如果他懂得道理也比我早，我也應該跟著他學。我是學道理啊！那何必問他的年紀是否比我大呢？因此不論高貴的，不論卑賤的，不論年長的，不論年少的，道理在哪裡，老師就在哪裡。孔子和韓愈的話都在告訴人們：謙虛向人學習的道理。

學習中人們應該向有專門學問的人請教。人無完人，金無足赤。誰也不可能了解所有領域，所以遇到不明白的事情，就要虛心向那些

行家請教。他們會給你專業的意見。梅蘭芳在京劇上有很高的造詣，但因為喜歡畫畫，特意去找齊白石老先生學習，並對這位老師非常謙恭，不忘行師徒禮儀。

　　人們還應該向所有的人請教，擴展自己的知識。這是一種不恥下問的好學態度和具體作法。通常人們會習慣於站在自己的角度思考問題，陷入自己固有的思考模式中，而虛心聽取別人的意見，能夠開拓自己的眼界，有助於對問題的全面認識。

　　總之，本句展現了孔子自覺的修養，虛心好學的精神。「擇其善者而從之」，見人之善就學，展現了孔子虛心好學的精神；「其不善者而改之」，見人之不善，孔子引以為戒，是反省自己的自覺修養的精神。**孔子能夠把自己的整個人生當成是一個學習的過程，從別人的身上汲取養分，幫助自己成長。**學無止境，謙虛很重要，永遠做學生。你保持一個謙虛的心態，欣賞別人的優點和優勢，向別人學習自己不具備的，用來改正自己不足之處。只有這樣你才能夠進步得更快。

第七章　知之為知之　不知為不知

【原文】

子曰：由①，誨女②知之乎！知之為知之，不知為不知，是知③也。

【注釋】

① 由：姓仲名由，字子路。生於西元前542年，孔子的學生，長期追隨孔子。
② 女：同「汝」，你。
③ 知：此處同「智」，聰明。

【譯文】

孔子說：「仲由，我告訴你什麼叫知道吧，知道就是知道，不說不知道；不知道就是不知道，不硬說知道。這才是真正的聰明。」

【延伸閱讀】

這則語錄講的是孔子教育大家對學習所持的態度，當然也是對待其他事物的態度，對待任何事物都要有誠懇謙虛的

【名家評析】

朱熹《論語集注》曰：子路好勇，蓋有強其所不知以為知者，故夫子告之曰：我教女以知之之道乎！但所知者則以為知，所不知者則以為不知。如此則雖或不能盡知，而無自欺之蔽，亦不害其為知矣。況由此而求之，又有可知之理乎？

態度。子路是孔子的學生，長期追隨孔子，算是孔子的得意門生。這句話就是孔子針對子路不知以為知的缺點，教育他凡事要老老實實，知道就是知道，不知道就是不知道。孔子把「知之為知之，不知為不知，是知也」列為人生最高的智慧。這不只是高深道理，而且更是生活修養。

這句話強調的是求知的態度。求知最忌自欺欺人，不懂裝懂。如果一個人對自己不明白的問題加以隱瞞，不虛心向他人請教，在他人面前仍然不懂裝懂，那才是真正的無知和愚蠢，也會讓人覺得你為人太虛偽。其實，很多有大學問、眼界廣的人，越認為自己懂得太少。只有那些無知的人，才喜歡炫耀自己的「學問」。蒙田曾經把真正有學問的人比喻成麥穗：「當它們還是空的，它們就茁壯挺立，昂首藐視；但當它臻於成熟，飽含鼓脹的麥粒時，便開始低垂下來，不露鋒芒。」

人貴有自知之明。在這個世界上沒有誰一生下來就上通天文，下知地理，博古通今，即使是孔子這樣的聖人也是在不斷的學習和探索中提升自己的文化修養。在《師說》中，韓愈曾尖銳地批判了當時社會上恥於從師的陋習，如：「惑而不從師，其為惑也，終不解矣。」惑而不從師的結果有可能使人變得迷惑無知，要不然就是不懂裝懂。不知道並不可怕，也不丟人，真正可怕和丟人的是不懂裝懂。因為當人們沒有了「無知感」、「求知欲」，「不知」便以為「知」，這才是最可怕的無知。

生活中許多人不自知。他們不願承認自己有「不知道」的問題，不承認自己知識的局限性，沒有客觀評價自我。現實的生活中，很多人不懂裝懂，自以為是，羞於向別人請教的心理和思想就會大大抑制人們的發展，抵銷人們的才能和努力，使人們驕傲自滿的心理暗中滋長。無論是在古代，還

【名家評析】

程樹德《論語集釋》曰：強不知以為知，非怪人不我告，己亦不復求知。

是在競爭激烈的今天，人們只有不斷累積，才能不斷向那無限、永恆前進。

　　有一次，孔子在周遊列國時，半路上看見有兩個十歲左右的小孩在路邊為一個問題爭論不休。孔子就讓馬車停下來，到跟前去問他們：「你們在爭辯什麼呢？」

　　其中一個小孩先說道：「我認為太陽剛出來的時候離我們近一些，中午時離我們遠些。」另一個小孩的看法正好相反，他說：「我認為太陽剛升起來時遠些，中午時才近些。」先說話的那個小孩反駁說：「太陽剛出來時大得像車蓋，到了中午，就只有盤子那麼大了。這不是遠的東西看起來小，而近的東西看起來大的道理嗎？」另一個小孩自然也有很好的理由，他說：「太陽剛升起來時涼颼颼的，到了中午，卻像是火球一樣使人熱烘烘的。這不正是遠的物體感到涼，而近的物體使人覺得熱的道理嗎？」

　　兩個小孩不約而同地請博學多識的孔子來做「裁判」，判定誰是誰非。可這個看似簡單的問題卻把學識廣博的孔子也難住了，孔子只能啞口無言。兩個小孩便笑了起來，說：「誰說你知識淵博，無所不知呢？你也有不懂的地方啊！」

　　人生有限，知識無涯。承認自己的不足本身就是認識上的一種進步。每一個人都希望自己能夠博學多才，但是追求博學多才談何容易。當自己遇到不知道的問題時，完全可以坦率一些，去尋找專家答疑自己的解惑。求知必須老老實實，應該敢於承認自己有不懂的地方。尤其是面對比自己強的人，只有你表現出好學謙虛的態度，對方才會傾囊相授，你也才會獲得解惑的機會。

　　能夠正視自身局限性的人懂得學無止境，他們總能看到自己無知的一面。人們只有認識自己有所不知，才可能知道自己已經懂得了什麼。孔子曾說：「蓋有不知而作之者，我無是也。多聞，擇其善者而從之，多見而識之，知之次也。」雖然孔子不否認「生而知之」，但他認為自己不是這樣的人。孔子還多次談到，自己的成績得益於虛心好

學。所以，孔子才會對不懂裝懂、夸夸其談的行為感到深惡痛絕，才會教育學生不要「不知」以為「知」。

有一位青年對譽滿全球的大科學家愛因斯坦稱自己「無知」感到大惑不解。於是，他向愛因斯坦問了這個問題，愛因斯坦笑著隨手拿出一張紙，在上面畫了一大一小兩個圓圈。然後指著大圓圈說：「我的知識圈比你大，當然未知領域的接觸面也比你大。」

很多有成就的偉人、學者都會認為：知識越是增加，自己的「無知感」越是強烈。法國數學家笛卡爾也曾經說過：「愈學習，愈發現自己的無知。」而那些現在還在藏拙的人，是不是應該明白有了疑惑就應該說出來，虛心向別人請教。

縱觀人類的發展歷程，從遠古到現在，人類的生活存在著很多未知，而正是這些未知成為人類探索未來的源動力。人類行進在從「不知」到「知」的逐步完善的認識之路上，過去如此，將來更是如此。人類之所以被稱為高等生物，不就是因為人類大腦善於思考嗎？那麼，為什麼不把這種思考能力用在解決未知上，而不應用在掩飾自己在認知上的局限。我們每一個人既要靠有知來發現無知，同時更需要有著「無知感」的警省，以催促自己不斷地努力。

人們要希望自己變得強大就更應該吸取前人的教訓，有疑惑就問，還要有意識地問，有膽量去問。同時，還要明白人的知識再豐富，也還是會有不懂的問題。只有當人們有了「知之為知之，不知為不知」的意識，才能找到幫自己成才的老師，才會有所發展。遇到不懂的事情，人們就應當有實事求是的態度，只有這樣才能學到更多的知識。

第八章　驕且吝　不足觀

【原文】

子曰：如有周公①之才之美②，使驕③且吝④，其餘不足觀也已。

【注釋】

① 周公：是指周公旦。
② 才之美：美好的智能技藝。
③ 驕：矜誇。
④ 吝：鄙吝，見識淺短，吝惜錢財。

【名家評析】

　程頤曰：此甚言驕吝之不可也。蓋有周公之德，則自無驕吝；若但有周公之才而驕吝焉，亦不足觀矣。

【譯文】

孔子說：「有人即使能具備周公那樣美好的才能，如果他又驕傲又吝嗇，那麼他的其他方面也就不值得看了。」

【延伸閱讀】

孔子本人非常推崇周公，認為周公是古代最偉大的聖人。後來的儒者也和孔子一樣，把周公奉為古代最偉大的聖人。聯想孔子少時貧且賤，貴族的傲慢與偏見，讓他刻骨銘

心。孔子反覆說：「如有周公之才之美，使驕且吝，其餘不足觀也已。」可見，他對驕奢淫逸，為富不仁的痛恨。孔子想做真君子，有周公之才美，忍辱負重；無陽貨之傲慢，仗勢欺人。

不驕傲、不鄙吝是周公主要美德之一。孔子主張繼承周公的這種美德，把謙虛遜讓作為「禮」的內容。孔子讚揚周公這種作風是為了樹立當時從政及為人的標準。孔子異常佩服周公的才能和美德，把周公之才美比作最高的標準，經常以周公的標準來檢查自己的言行。

孔子的這句話也說明了只有德才兼備的人才是完美的人才。**才能資質屬於才的方面，驕傲鄙吝屬於德的方面。即使你是才高八斗但德行不好，也得不到別人的尊重，甚至可以說做人應該德高於才。**春秋時期著名的政治家、軍事家管仲輔佐齊桓公九合諸侯、一匡天下，使齊桓公成為春秋五霸之首。孔子對管仲可算是有褒有貶。孔子肯定了管仲的才能和功績，稱讚管仲為仁人。比如，「桓公九合諸侯，不以兵車，管仲之力也。如其仁，如其仁！」

子曰：「管仲之器小哉！」或曰：「管仲儉乎？」曰：「管氏有三歸，官事不攝，焉得儉？」「然則管仲知禮乎？」曰：「邦君樹塞門，管氏亦樹塞門。邦君為兩君之好有反坫，管氏亦有反坫。管氏而知禮，孰不知禮？」

孔子的這番話都是在批評管仲器量小、奢華不儉，所以孔子感歎：「如果說管仲知禮，那麼誰會不知禮呢？」而謙虛遜讓不正是「禮」的重要內容嗎？我們在評價一個人的時候，應該把他內心的道德情操和外在的事業作為結合起來考量。一個內心境界接近聖人的人，他的功業才能被稱為「王道」。孔子評價管仲這個人德行有虧，所以他的事業只能是「霸業」。

【名家評析】

朱熹《論語集注》評：愚謂驕吝雖有盈歉之殊，然其勢常相因。蓋驕者吝之枝葉，吝者驕之本根。故嘗驗之天下之人，未有驕而不吝，吝而不驕者也。

　　關羽性情自傲，看不起東吳，時時出言貶低對方。東吳孫權曾為其子派人向關羽之女說親，關羽竟說：「虎女豈配犬子」，大大地激怒了孫權，導致了吳蜀聯盟的破裂，也為自己埋下了隱患。

　　東吳圖謀荊州，守將呂蒙為了麻痹關羽，故意藉治病為名退回京都建業，讓一個名不見經傳的年輕人陸遜接替自己。陸遜文武雙全，到任後立即派使者帶著他的親筆信和一份厚禮去見關羽。陸遜在信中對關羽大加吹捧，對自己百般貶損，並再三請求關羽多加關照，乞求蜀、吳兩家永世和好。關羽讀完信後認為陸遜不過是個乳臭未乾的書呆子，收下禮品，放聲大笑，隨後下令，把防範東吳的軍隊全部徵調到樊城前線去。

　　關羽的驕傲自大，對外不但看不起對手，對內更是不把同僚放在眼裡。名將馬超來降，劉備封其為平西將軍，遠在荊州的關羽大為不滿，特地給諸葛亮去信，責問說：「馬超能比得上誰？」老將黃忠被封為後將軍，關羽又當眾宣稱：「大丈夫終不與老兵同列！」關羽目空一切，盛氣凌人，其他同僚就更不在他眼裡，曾經受過他蔑視侮辱的將領對他既怕又恨。

　　這一切都為關羽埋下了失敗的禍根。果然，關羽敗走麥城，被呂蒙設計斬殺。關羽為有才之人，當之無愧的一代名將，卻因為驕傲自大、蔑視同僚、輕視敵手而導致兵敗、地失、身亡，一世英名付之流水。

　　有的人為什麼會「驕且吝」呢？人們之所以「驕」，是因為他們認為自己有值得驕傲的資本，比如，掌握了一定的權利，累積了一些物質財富等等。在這些資本的催化下，他們有了「驕」的心態，也必然會產生「吝」的毛病。鄙吝的人通常會自以為是，輕視別人，甚至是喜歡看人家的笑話。

　　孔子告訴我們做人之道，要去驕傲鄙吝，學謙虛遜讓。人們喜歡自我誇耀的原因常常是因為希望得到別人的關注。有的心理學家認為，自我誇耀是人類的一種本能。可是，人們因自我誇耀而得到別

人的關注時，容易降低反省意識，或者是過分肯定自己，藐視別人。生活中我們常見某些人在談話時，說到得意之處，「驕傲」「無禮」便脫口而出。有的時候「值得驕傲」的人也未必願做驕傲者，他只是還沒有察覺到自己的心態在悄悄發生變化。但一句不合理的話說慣了，聽慣了，便會積非成是。

那些驕傲的人常常因為自大自滿的態度，無法與人平等相處，更不會虛心向人請教。這樣的人人際關係都比較差，終必孤陋一生。反之，懂得謙虛遜讓的人能夠尊重他人，不恥下問，必能進德修業，成就真才實學。這樣的人才是孔子所推崇的完美的人才。作為一個現代人，只有透過學習和反省，不斷提升自己的素質和修養，才能真正成為一個受人尊重的人。

第九章　微生乞其鄰

【原文】

子曰：孰謂微生高①直？或乞醯②焉，乞諸其鄰而與之。

【注釋】

① 微生高：姓微生名高，魯國人，孔子弟子。當時人認為他為人直爽、坦率。

② 醯（ㄒㄧ）：即醋。

【譯文】

孔子說：「誰說微生高這個人直率？有人向他要點醋，他（不直說沒有，卻暗地）到鄰居家裡討了點給人家。」

【延伸閱讀】

微生高，春秋時魯國人。當時人都認為他為人爽直、坦率。子曰：「孰謂微生高直？或乞醯焉，乞諸其鄰而與之。」表達了孔子對微生高的看法——人家說微生高這個人直爽、坦率，但是孔子認為大家的評價過高了，微生高的行

為並沒有符合這些修養。有人向微生高要一杯醋，他沒有，自己便到別人家去要一杯醋來，再轉給這個要醋的人。孔子肯定微生高為人講義氣，但不算是「直道」。

孔子強調循名責實的精神。在孔子看來，無論你是剛是直，是仁是義，取得好名聲固然可喜可賀，但要名副其實，才是名實相稱，如果沒有這樣的品德，還不如沒有名望的好。既然微生高以爽直、坦率稱於世，那麼有人向他討醋，他完全可以直接告訴人家說自家沒有，或者說是鄰家有，自己可去代為相討。但如果微生高沒有將真實的情況告訴對方，那麼微生高就遠離了「直」字了。

孔子對微生高的評價與判斷是基於道德與價值聲望。孔子認為微生高用討來的醋為自己換來了一個「虛」的名望。現實生活中這樣的例子並不少見，一些人為了貪圖虛名會做一些不夠坦率的事情。

有個人本來沒有什麼背景，別人託他買兩張火車票，他滿口應承。在他排隊買到票別人表示感謝時，自己還謙說小事一樁，撒謊說是靠自己在火車站的關係幫買的。誰知這一發而不可收，求票的人越來越多，票也越來越難買。他從站著排隊到帶著小板凳排隊，再到背著鋪蓋捲排隊，因為愛面子變成了「買票專業戶」。他把老婆也擾得不得安寧，苦不堪言。

這故事的主人翁幫助別人不可謂不熱心，但卻因好面子撒了謊，結果賠了時間又賠錢。按照孔子的觀點，這樣的人不夠正直，不說真話，打腫臉充胖子。如果這個人最後沒有買到火車票怎麼辦？不僅耽誤了對方的事情，還容易讓對方覺得自己做人不夠誠實，太愛吹牛。

死要面子活受罪這種事，在生活中並不少見。在日常的交往中，許多人都很注重臉面。不論什麼時候，他們都

【名家評析】

范祖禹評：是曰是、非曰非、有謂有、無謂無，曰直。聖人觀人於其一介之取予，而千駟萬鐘從可知焉。故以微事斷之，所以教人不可不謹也。

想「有面子」，都在為「不丟臉」而擔心憂慮。彷彿人就是為了面子而活，凡事都要顧面子。無論朋友的請求自己是否能夠做到，都會先通通答應下來，看似義氣，實則待人不「真」。如果人們能夠摒棄這種以虛假的幻象，來掩蓋自己的愛面子心理，就會正確地認識自我。自己不能做到的事情就坦白說出來，不要自己為難自己。

實際上，很多人愛面子是因為自信心不足。好虛榮、要面子是好勝心理的伴生物，總是懷著一種不比別人差或者超過別人的心理，來顯示自己的價值。其實，這種不務實際的心理，等於為自己設置障礙。人不能為了維護面子，而苦苦的硬撐。面子只是表面的，是華而不實的，是虛浮的，是為了掩飾人內心的軟弱。有的人為了面子慢慢失去做事的原則，最後被虛假的名望牽著鼻子走。

孔子一生與貴族階級打交道，從來是不卑不亢，絕不迎合上流社會的浮華習氣，去維持虛偽的「面子」。

有一天，孔子陪坐在魯哀公一旁。兩人聊天，魯哀公感覺很開心，就賞賜桃子和黍給孔子。指著這桌子上的桃子和黍，魯哀公說：「吃吧！」孔子便先吃黍，再吃桃子。這時哀公左右的人都摀住嘴偷偷地笑。孔子好像沒有察覺，依舊我行我素。哀公便解釋：「這黍是用來擦拭桃子上的茸毛的。」在場的都以為孔子這下子丟面子了，一定會極為難堪。誰知孔子答道：「自己並非不知道宮廷有這番講究，可在我看來，黍是五穀之長，而桃是六果之下，祭祀先王，桃是不能入廟的，顯然黍貴桃賤，現在用『貴』擦『賤』，我認為這樣對於禮教有妨礙，同時也妨礙義理。所以，我不敢以黍去擦拭桃子。」可見，孔子是不會為「面子」妨害自己認為的「義」的。

人要獲得成功，第一步就是打破面子概念。要知道人各

【名家評析】

朱熹曰：人來乞時，其家無有，故乞諸鄰家以與之。夫子言此，譏其曲意殉物，掠美市恩，不得為直也。

有所長，也各有所短。以己之短，追慕他人所長，常常力所不及。**拋棄面子有助於一個人擺脫虛榮的個性與作法，會使人顯得灑脫，富有靈性，能充分發揮人內在的潛能。**所以，在你力不能及的時候，就要勇敢地把「不」說出來，否則你會陷入更加難堪的境地。追慕虛榮是一種虛幻的海市蜃樓，只能滿足自己短暫的情緒愉悅，而自己終將品嚐到事後的苦果。不破不立，消除虛榮心，否則無法建立真正的自尊，不要讓虛榮心束縛了你的優勢。

孔子的話還暗示了一種生存的藝術。人們應當努力避免受到微生高借醋那樣的非議，不做一個迂腐的儒生。為了更好地有所作為，這就需要自己站穩立場。生活中不要讓自己陷入「有事儘管找我」的麻煩中，要承認自己有很多事情做不到。

無論是面對請求、威逼還是利誘，對於自己做不到、不能做、不屑做或者不善做的事，人們要勇於和善於說「不」。堅持只做自己做得到、能夠做、正在做、善於做的事情，這才是真正的剛、直、仁、義，達到循名責實的境界。

第十章　敏而好學　不恥下問

【原文】

子貢問曰：「孔文子①何以謂之『文』也？」子曰：「敏②而好學，不恥③下問，是以謂之『文』也。」

【注釋】

① 孔文子：衛國大夫孔圉（ㄩˇ），「文」是諡號，「子」是尊稱。

② 敏：敏捷、勤勉。

③ 恥：以……為恥。

【譯文】

子貢問道：「為什麼給孔文子一個『文』的諡號呢？」孔子說：「他聰敏勤勉而好學，不以向比他地位卑下的人請教為恥，所以給他諡號叫『文』」。

【延伸閱讀】

何謂諡（ㄕˋ）號？是指古代君主、大臣、貴族死後都要依據他生平事蹟給一個稱號，這就叫「諡」，所給稱號就

叫諡號。在《逸周書・諡法解》列了經緯天地、道德博厚、學勤好問、慈惠愛民等等多種品德，凡是符合這些品德之一的都可以諡為「文」。而衛國大夫孔圉是因為具有哪一個方面的品德而被諡為「文」呢？學生子貢由此而發出了疑問：「為什麼給孔文子一個『文』的諡號呢？」孔子回答說：「他聰敏勤勉而好學，又能謙虛下問，不以為恥，所以用『文』字做他的諡號。」

孔子回答子貢的問題只用了「敏而好學，不恥下問」八個字。孔文子諡號為「文」是因為他做到了兩點：一是，勤勉好學；二是，虛心下問。孔子的回答也展現了他一貫應用的治學方法。「敏而好學」就是要求人們勤敏而興趣濃厚地努力學習。孔子既是這樣說的，也是這樣做的。

孔子去魯國國君的祖廟參加祭祖典禮，他不時向人詢問，差不多每件事都問到了。有人在背後嘲笑他，說他不懂禮儀，什麼都要問。孔子聽到這些議論後說：「對於不懂的事，問個明白，這正是我要求知禮的表現啊。」

古人推崇人生應懷抱理想，追求有所作為，把真才實學看作立身之本，並認定的成才之路是「好學」。中國人已經把勤奮好學作為世代相傳的優良傳統。我國有許多關於好學的格言，如：「書山有路勤為徑，學海無涯苦作舟。」我國還流傳著很多古人發憤苦讀的故事，如：鑿壁偷光、囊螢映雪、聞雞起舞等等。

「不恥下問」是教導人們不僅聽老師、長輩的教導，向老師、長輩求教，還應該求教於看來似乎不如自己知識多的人，不以此為恥。為了獲得知識，我們不僅要多向比自己優秀的人請教，更要「下問」。孔子絕對可以算是人們學習的楷模。

孔子帶弟子到魯昭公廟參觀，見了一個青銅器皿。這件

【名家評析】

蘇軾評：孔文子使太叔疾出其妻而妻之。疾通於初妻之娣，文子怒，將攻之。訪於仲尼，仲尼不對，命駕而行。疾奔宋，文子使疾弟遺室孔姞。其為人如此而諡曰文，此子貢之所以疑而問也。孔子不沒其善，言能如此，亦足以為文矣，非經天緯地之文也。

器皿尖底、小口、大腹，腹側有耳，放在一木案子上，竟是傾斜欲倒的樣子。孔子不知道這東西叫什麼，便問弟子們，弟子們也都搖頭。孔子便向守廟人請教。守廟人說：「這是宥坐之器，又稱欹（一）器，是先王置於座位之右，表示警戒自勉的。」

這一說，孔子恍然大悟，知道了這就是自己曾聽說過的欹器。

當欹器空著的時候，就會向一邊傾斜，如果將水灌滿它，它就會翻倒。只有既不空又不滿時，它才能端端正正立在那裡。君王就是用它提醒自己記住「虛則欹，滿則覆，中則正」的道理。於是，孔子請子路拿來水，當場演示，給弟子們上了生動的一課。

儘管人們經常把「不恥下問」掛在嘴邊，但牽涉到自尊心、虛榮心的問題，所以做起來有一定的難度。「下」字的意思不是指「低下卑下」，而是指地位不如自己，年齡比自己小，外表看上去其貌不揚的人。但只要他們在道德上、學問上、見解上、思維方法上，有一點點值得你學習的地方，那他們都可以成為你的老師，你就應該虛心地向他們學習，向他們請教。知之為知之，不知為不知。不掩蓋自己的不足，不怕因此丟面子失身分。

很多人在向尊者、能力強者、見多識廣者請求時，會表現得很虛心，也不會覺得難堪，但是反過來去向比自己地位低、能力看似又不如自己的人請教，就會恥於開口，覺得丟了顏面。但在孔子看來，不恥下問不僅不丟面子，而且還能展現君子的美德。「下問」是成就自己學業的方法，也是一種謙虛好學的美德。

虛榮心很多人都會有，但不能為了一點點虛榮而阻礙自己獲得更多的知識，得到更好的發展。要提升自己，就要不恥下問，就算是被人嘲笑什麼都不懂，那又如何！解答疑惑是學習的第一步，是揭示疑惑的開始。能夠提出問題的人，清楚自己還有什麼知識不懂。如果自己的問題都不願說出來，那麼誰能夠幫你解決。學習上多問必多益，你問得越多，證明你思考得越多。只要你打破砂鍋問到底，問題的癥結必定會水落石出。只要能夠學到有用的知識，眼前的窘態算得了什

麼，更何況孔子還認為問個明白是知禮的表現。所以，當你遇到疑惑的時候，就應該提出來請教他人，切不可遮羞掩飾。

　　孔子本人「敏而好學，不恥下問」的例子在《論語》有多處記載，這體現了孔子的學習態度，也是一種學習的方法。一個人要想學有所成，首先必須是一個勤奮的人，同時還要具備謙遜的美德，虛心地向各種不同地位、身分的人請教，真誠地把身邊所有的人尊稱為「老師」。這才是一種真正的「禮」，一種美好的品德和習慣。

第十一章　君子三戒

【原文】

孔子曰：君子有三戒①。少②之時，血氣未定③，戒之在色；及其壯④也，血氣方剛，戒之在鬥；及其老也，血氣既衰，戒之在得⑤。

【注釋】

① 戒：自我防備。

② 少：年輕。

③ 定：成熟。

④ 壯：壯年，三十歲左右。

⑤ 得：貪圖名利。

【譯文】

孔子說：「君子有三種事情應引以為戒：年少的時候，血氣還不成熟，要戒除對女色的迷戀；等到身體成熟了，血氣方剛，要戒除與人爭鬥；等到老年，血氣已經衰弱了，要戒除貪得無饜。」

【延伸閱讀】

孔子一生中備受冷遇，歷經劫難。但他卻長壽，活到七十三歲。人生七十古來稀，孔子根據自己一生的經歷，總結了在人生的三個階段裡需要有「三戒」。孔子所說的「三戒」是少年戒色、中年戒鬥、老年戒貪。

青年時期人正處於生機勃勃的時候，一切才剛剛開始。這個時期的人從外表上看，似乎和成年人沒有區別，但是心理上還不夠成熟。比如，易衝動，自制力差，做事意氣用事等，非常容易受到外界的誘惑而做出無法挽回的錯誤。

在今天這個資訊的社會裡，網路傳播的發展給人們帶來了很大的便利，但同時也存在著很多藏汙納垢的地方。比如，暴力遊戲、色情網站、博彩娛樂等等。這些都成為吞噬人們心靈的魔鬼。《壽康寶鑑》上說：「色是少年第一關，此關通不過，德節喪失，則有再高的才華、再好的學問，都沒有半點作用。」明朝皇帝朱載垕在位時期出了很多像張居正、戚繼光這樣的名臣，有人說他是一位知人善用的皇帝，但卻掩蓋不了他人生最大的污點──好色。朱載垕以好色著稱，少時縱情施欲，結果三十六歲就死了。

另外，青年時期人們開始對異性有所憧憬，渴望獲得愛情。青年時代的戀情確實給人生帶來了無比珍貴無比美好的東西。但是愛情只是人生活中的一部分，青年時期還有很多其他的重要事情等待我們去完成。青年時代正是精力旺盛，腦力充沛的階段，不應該把所有的時間都用在戀愛上，學知識、闖事業、為人生奠定基礎何等重要。唐人溫庭筠也有詩句：「自古多情損少年。」整日沉迷於戀情，甚至是縱欲無度，對人們的身體和心理都是有害的，更不用說那些因情色而走向墮落的人了。少年溺於情愛，必定斷送大好青春。所

以，**人在青少年時代，應知戒色、節欲。**

　　人到中年，少了青年時期的衝動，做事情會開始謀算，但為了謀求成功也難免會與人爭長較短。有的人是出於自立自強，有著不失人格和尊嚴的做事原則。有的人為了達到自己的目的，不惜丟掉所有做人的原則，喪失良知。中年人已經步入了人生成熟的階段，對待問題應該更加守原則，有理智，更睿智，而不要耗費精力去算計各種蠅頭小利、複雜的人事關係。**中年階段雖是人大有作為、力爭向上的時期，但要避免逞強好勝、好勇鬥狠，切勿因小失大，甚至葬送前途。**

　　孔子認為人進入老年時期，便開始氣血兩虧，感到身體不濟。死亡越是逼近自己，越會覺得生命中還有很多遺憾，越是對生命充滿依戀。當人們感到恐懼的時候，就會拚命地試圖抓住所能擁有的一切。對生命充滿依戀沒有錯，但是死亡的逼近與對生命的貪戀存在著不可調和的矛盾，每個人終將面對死亡，這是一個無法改變的事實。如果你擺脫不了這個矛盾，你的精力和體力就會被這種貪戀消耗掉，使死亡來得更快。所以，**孔子講老人要戒貪，意味著一種養生的智慧，是人的自然性和社會性的結合。**很多大半生都很成功的人晚節不保，原因就在於「貪」。

　　老年時人已經走過了人生的幾十載，生活中的一切早已就緒。你能夠得到的早就應該得到了，得不到的也很有可能成為一生遺憾。人生本就不可能樣樣都獲得，何必患得患失！你一方面拚命維護自己已經得到的，另一方面想抓住最後的時間猛撈一把。得到了自然歡喜，看似為兒孫多留點財富，實則還是因自己的貪念作祟。得不到的人鬱悶之氣鬱結於胸，氣大傷身，得不償失。

　　已經到了老年更應該懂得知足常樂的道理，為名為利勞心等於自己放棄了享受天倫之樂的機會。已經到了老年，過去的幾十年一定吃過很多苦，能夠和兒孫在一起才是真正的快樂生活。

　　孔子認為人要處處嚴格要求自己，在人生的各個時期都存在著需要約束的東西，必須注重個人修養的提高。好色、好鬥、貪心，是孔

【名家評析】

朱熹《論語集注》曰：血氣，形之所待以生者，血陰而氣陽也。……范氏曰：聖人同於人者血氣也，異於人者志氣也。血氣有時而衰，志氣則無時而衰也。少未定、壯而剛、老而衰者，血氣也。戒於色、戒於鬥、戒於得者，志氣也。君子養其志氣，故不為血氣所動。

子認為應該戒掉的。孔子所言「戒」有警戒之意，而不是戒絕。一個人生活在世上不可能無欲無求，但是為了這些整日患得患失，醜態畢露，人生必然遭受更多的麻煩。

第十二章　殺身成仁

【原文】

子曰：志士①仁人，無求生以害②仁，有殺身③以成④仁。

【注釋】

① 志士：堅持正義而有節操的人。
② 害：背棄。
③ 殺身：犧牲自己。
④ 成：保全。

【譯文】

孔子說：「有高尚志向節操與道德的人，絕不為了要讓自己活命而做出損害仁義的事情，而是寧可犧牲自己也要恪守仁義的原則。」

【延伸閱讀】

儒家思想是由孔子倡導的，它的核心內容是「仁」。孔子在這段話裡，揭示了仁的重要意義，展現了他的生死觀，

【名家評析】

程頤曰：實理得之於心自別。實理者，實見得是，實見得非也。古人有捐軀殞命者，若不實見得，惡能如此？須是實見得生不重於義，生不安於死也。故有殺身以成仁者，只是成就一個是而已。

把「仁」作為了最高原則。生命對每個人來講都是十分寶貴的，但還有比生命更可寶貴的，那就是「仁」。生死並非是儒家論學的重點，但是儒家強調人應當如何生，如何活。孔子認為那些有高尚節操與道德的人，不會為了苟且偷生而背棄仁義，寧願犧牲自己的性命也要保住仁義。「仁」激勵著多少仁人志士為國家和民族的生死存亡而拋頭顱灑熱血，譜寫了一首首可歌可泣的壯麗詩篇。

「志士仁人」是指具有高尚品德、節操和愛心的人。在思想和行為上，他們能夠公而忘私，捨己為人，也不會為了滿足自己的私利而損害別人的利益，更不會把自己的幸福建築在別人的痛苦之上。簡單說就是「無求生以害仁」。在別人陷入危難之時，他們能夠見義勇為，臨危不懼；面對惡勢力的時候，能夠嫉惡如仇，敢赴艱險，甚至不惜獻出自己的生命。這就是「有殺身以成仁」——人們在生死關頭寧可捨棄自己的生命也要保全「仁」。

相國季孫意如（季平子）令人將宮廷樂舞師文正德叫至相府。

相國說：「以後，家祭時使用六十四人舞列的八佾（一、）舞，由你組織排練！」

樂舞師文正德說：「相國，你是大夫，依周禮，你家家祭只能使用十六人的四佾樂舞。八佾，只有周天子和魯侯才能使用。我作為宮廷樂舞師。應按規矩辦事。」季平子怒不可遏地說：「我的話就是規矩，我讓你來相府幫忙，你膽敢違抗我的命令，你長了幾個腦袋？」文正德絲毫沒有被季平子的話嚇住，理直氣壯地說：「維護禮儀是我的天職！」季平子氣得咬牙切齒地說：「那好！那好！我就讓你盡到天職！」說完，命家臣陽貨將文正德一劍刺死在練舞場上。

孔子認為季孫意如作為大夫，他的家祭只能用四佾，

其卻要使用八佾，這是冒用周天子和魯君禮儀，是僭（ㄐㄧ
ㄢˋ）禮行為。宮廷樂舞師文正德拒絕為季孫意如排練八佾
舞，是為了維護周禮和仁德，他死於季平子劍下，不惜用自
己的生命維護了周禮。文正德可謂是一位志士仁人！

　　當一個人的生命與仁德發生衝突時，仁人志士將會怎
麼辦？孔子總結說：「志士仁人，無求生以害仁，有殺身以
成仁。」人的一生中，遇到非常的情境下，對於生命的詮釋就
和正常情境不同——孔子認為精神意義應高過於實質生命，轟
轟烈烈的犧牲，毫不勉強。正是對於仁的追求，自古以來多
少忠烈之士能為國殉難，保衛家園。反之，若在危急存亡關
頭，只求腆顏苟活，則活著為人唾棄，生不如死，即使死後
也要遺臭萬年。故有志之士不屑為，仁德之人不忍為也。

　　宋代文天祥戰敗，為元兵所俘，拘燕京三年，終不被
利誘，不為威屈，作「正氣歌」以表明心志，從容就義。嘗
曰：「孔曰成仁，孟曰取義，唯其義盡，所以仁至。讀聖賢
書，所學何事？而今而後，庶幾無愧！」這正是「無求生以
害仁，有殺身以成仁」的表現，文天祥不愧是個志士仁人。

　　歷史上有許多名臣名將、仁人志士都是為了恪守仁義而
不畏生死！就他們自身而言，雖然失去了生命，卻是完成了
自己的人生使命，成就了仁義。這也是他們作為人的意義所
在。

　　在現代社會，人們已經不用動輒用自己寶貴的生命來
捍衛仁義。但是在看到有人需要幫助，或者受到壞人的威脅
時，你能夠勇敢地站出來嗎？真正的志士仁人，為了恪守仁
義，有著威武不屈的勇氣和決心。他們所維護的，是天地之
間的正氣，人世之間的正道，他們才是真正無愧、無悔、無
怨的「英雄」。

　　現在社會上存在這樣一種人，不僅不會去主動幫助別

【名家評析】

　　康有為評：仁者，
近之為父母之難，遠之
為國君之急，大之為種
族宗教文明之所繫，小
之為職守節義之所關。
見危授命則仁成，隱忍
偷生則仁喪。……哀莫
大於心死，而身死次之。

人，反而是做一些損人利己的事情。這樣的人為了滿足自己無限膨脹的欲望做些違法亂紀的事情，比如偷盜、搶劫、殺人、貪污腐敗等種種犯罪行為頻繁出現。想想那些因貪污被判刑的人，很多都是受過高等教育，可是在金錢的誘惑下喪失了正氣，違背了正道。他們為了私欲而縱容自己的行為，一步步把自己推向了罪惡的深淵，為人們所不齒，和「仁」更是相去十萬八千里。

有遠大理想和仁愛之心的人，才可以成為志士仁人。對於仁人志士來說最寶貴的東西不是自己的生命，而是他們的信仰。一個沒有信仰的人，只不過是一具能行動的屍體。當一個人有了理想，就有了為之奮鬥的目標，生命才顯得更有意義。

人生活在這個世上，其生命的意義不能僅限於活得怎麼樣，還應包括怎樣活著。人生的第一堂必修課是學會做人。做人得仁，仁者愛人。人生在世，總要有所收穫才會安然離世吧！唯有這樣做，你的人生才算是最值得回味的人生，永遠如春日般美妙的人生。

第十三章　文質彬彬　謂之君子

【原文】

子曰：質勝文則野，文勝質則史。文質彬彬①，然後君子。

【注釋】

① 彬彬：指文與質的配合很恰當。

【譯文】

孔子說：「質樸勝過了文飾就會粗野，文飾勝過了質樸就會虛浮，質樸和文飾比例恰當，然後才可以成為君子。」

【延伸閱讀】

孔子關於「文質彬彬，然後君子」的育人思想，為今天的我們加強自身修養提供了可資借鑑的標準，提供了豐富的思想資源，幫助我們實現人生境界的昇華。直到今天我們還常常將一些人稱為「君子」，但何謂君子呢？

孔子的兒子叫孔鯉，孔子教育兒子道：「做人必須要學習，出門前要修飾自己，不修飾是一種失禮的表現。如果

【名家評析】

明代四大高僧之一的蕅益大師評：「質」如樹莖、「文」如花葉，還有一個樹根。由有樹根，故使莖枝、花葉皆是一團生機。「彬彬」者，生機煥彩也。

一個人表面看起來光彩照人，他一定是經過修飾打扮的。進一步與他交談接觸，如果你覺得有所受益，有豁然開朗的感覺，那說明他是一個有內涵的人。」

孔鯉說：「您對我們說過人重在本質，難道修飾比本質還重要嗎？」

孔子說：「質勝於文則野，文勝於質則史，文質彬彬，然後君子。」

這句話確切地說明了文與質的正確關係和君子的人格模式，概括了孔子的文質思想。他認為「質」是指人質樸的品質，「文」則指文化的修養。「質勝文則野」就是指一個人沒有文化修養就會很粗俗，就會像原始人一樣粗野、鄙俗。「文勝質則史」就是指過分地修飾後，人會失去原來樸素的本質，顯得虛浮而沒有根基，用現在的話說就是注重繁文縟節而不切實際的酸秀才、書呆子。**「文質彬彬」是孔子對君子形象的描述，也是他對君子人格的要求，即質樸與文飾的比例要恰當、相諧調，「質」和「文」兩者都不可偏廢。**既要有文化修養，又不要迷失了質樸的本性，只有這樣，才能夠稱得上是真正的君子。

現實的生活中有這樣兩種人。一種是過於自然、毫無修飾的人，在所有的人面前都能夠真心相示，但是這種過分質樸的表現容易使人覺得他缺乏生趣，也缺乏做人處世的智慧。另一種是那些過於浮華、機巧，非常會說漂亮話討好人，但卻毫無真情，他們好出風頭，一味地隨機應變，這樣的人通常讓人覺得靠不住，甚至很危險。文質彬彬，是人內在與外在達成的均衡和諧的狀態。生活中那些生趣、精明，又有厚道、真誠的人才是受人喜愛的君子。

真誠質樸和文化教養是做人的必備要求。孔子主張文與質是對立的統一，互相依存，不可分離。質樸與文采是同樣重

【名家評析】

朱熹《論語集注》：「言學者當損有餘，補不足，至於成德，則不期然而然矣」。

劉寶楠《論語正義》：「禮，有質有文。質者，本也。禮無本不立，無文不行，能立能行，斯謂之中。」

要的，兩者缺一不可。試問這個世界上誰願意和一個無知的傻子、自大的瘋子，或者巧妙偽裝的騙子相處呢？那麼，如何做才能夠做到文與質統一呢？

質過其文的人容易顯得孤陋寡聞、狹隘、粗野。有的人言談舉止會顯得過於方、過於直，稜角外露，非常容易得罪人，這也是質過其文。人們要想改變這些缺點，應多學習文化知識，培養才情，同時多多累積和善於用人生經驗來糾正自己。在人際關係中，講究互相幫助、互相尊重。我們在與人相處時應該互相幫助，為人誠實，真心交流。如果你注意到對方存在缺點，應該試著用委婉的方式提出來，注意觀察對方的反應，切不可傷害到對方的自尊心，即使是最好的朋友也要注意這一點。

另一方面文過其質的人顯得虛偽、華而不實，要改變這些缺點，關鍵是要懂一個「誠」字。真誠是人們交往的前提，說話做事負責任，待人接物誠懇。從「誠」這個字開始，逐步地改變自己的習慣，這樣才能做一個誠實的人，取信於人。文質彬彬不能流於外在風貌，否則只是流於形式主義，似乎周全好看，實則迂腐不堪。中國有個成語叫「相由心生」，華麗的裝飾是無法掩飾一個人內心的乾涸。一個內心真誠、善良、溫和的人必然透過他的言行表現出來。

人類與生俱來的天性中，有好的素質，也有不好的素質。孔子這句話中的「文」是指人的外表的文飾，是對人與生俱來的天性的文飾。如果後天「文飾」不足，則會將先天本性中不好的一面曝露，使人看上去粗野、鄙俗。但是後天的文飾要有一定分寸，不能過度。如果外表的文飾徹底掩蓋了人的先天本性，那麼將遮蔽了人性本有的質樸純粹的良好素質。試想，一個人失去了內在本性，而只有外在華美的裝飾，必然會讓人覺得虛偽做作。因此一個人既要有文化教養

【名家評析】

哲學家李澤厚評：「質勝文」近似動物，但有生命；「文勝質」如同機器，更為恐怖。孔子以「禮」「仁」作為中心範疇，其功至偉者，亦在此也：使人不作動物又非機器。

的培養以避免幼稚無知、防止欲望的無限膨脹，同時又要堅持誠信質樸的良好品格以避免虛偽做作，由此才能充滿人性的良善和性靈的清澈。

　　孔子的文質思想經過兩千多年的實踐，不斷得到豐富和發展，對後人的思想和行為產生了深遠的影響。如果你想做一個有修養、有人格、有品味的人，必須達到「文」與「質」的和諧，實現二者最佳的結合，彌補文質的不足，展示二者的優長，完成了「文」與「質」的完美統一，讓言談舉止與內在的美好品質達到一致。

第十四章　不遷怒　不貳過

【原文】

　　哀公問：「弟子孰為好學？」孔子對曰：「有顏回者好學，不遷怒①，不貳過②，不幸短命死矣③。今也則亡④，未聞好學者也。」

【注釋】

① 不遷怒：不把對此人的怒氣發洩到彼人身上。
② 不貳過：「貳」是重複、一再的意思。這是說不犯同樣的錯誤。
③ 短命死矣：顏回死時年僅三十二歲。
④ 亡：同「無」。

【名家評析】

　　程頤曰：……其中動而七情出焉，曰喜、怒、哀、懼、愛、惡、欲。情既熾而益蕩，其性鑿矣。故學者約其情使合於中，正其心，養其性而已。

【譯文】

　　魯哀公問孔子：「你的學生中誰是最好學的呢？」孔子回答說：「有一個學生叫顏回，從不遷怒於人，從不犯相同的錯誤，但不幸短命死去了。現在已經沒有了，我沒聽說有誰還好學了。」

【延伸閱讀】

這裡，孔子極為稱讚他的得意門生顏回，認為他好學上進，自顏回死後，已經沒有如此好學的人了。顏回，春秋末魯國人。字子淵，亦稱顏淵，是孔子最得意的弟子。自漢代起，顏回被列為七十二賢之首，有時祭孔時獨以顏回配享。顏回為人謙遜好學，「不遷怒，不貳過」。他異常尊重老師，對孔子無事不從無言不悅，以德行著稱。

顏回有很多優點，在這句話裡，孔子稱讚了其中的兩個，就是「不遷怒，不貳過」。所謂不遷怒，就是自己有什麼不愉快的事情，有什麼煩惱和憤怒不發洩到別人的身上，簡單的說就是不拿別人當自己的出氣筒。

遷怒是一種不好的習慣。喜歡遷怒別人的人往往只注重自己的感受，而不顧忌被遷怒者能否接受。遷怒是一種不成熟的行為表現，遷怒者霸道，而被遷怒者無辜。你遷怒別人的同時，不僅把壞情緒傳遞給對方，而且傷害了彼此的感情。這種糟糕的人際交往給人帶來尊嚴與心理的損害，人們應盡量避免。

人們之所以喜歡遷怒於別人，是因為沒有反省自己的不足，把自己的失敗或者不幸的責任推卸給別人。人只有先學會做人，才有可能做好事情。人活在世上應該有胸襟、器度。同時，**喜歡抱怨、遷怒的人做事不夠理智，不善於疏導自己的情緒，正說明其德行修養未能達到一定的境界，更需要進一步的修持。**

要做到不遷怒於他人，人們應該反躬自省，求諸於己，方能顯其謙謙君子形象。更不能因他人的好惡而影響自己的情緒和判斷，也不能以自己的喜怨遷怒於他人。人們在社會上打拚，遇到不愉快的事情在所難免，不必因為別人不理

不如給予一些建設性的意見，用實際行動去努力改變現實。

　　無論過去如何，人們都不要糾纏其中，無論成功還是失敗都不必刻意多說，而要切實把握現在，面向未來。糾纏過去無益於成功，人們應該把更多的時間和精力用在構建未來上，而不是停留在發牢騷、批判上。不管過去的挫折來得多麼的猛烈，人們眼前需要做的是客觀地、實在地考慮如何採取更有意義的措施來挽救當下的的現實。

第十六章　與其奢　寧儉

【原文】

林放①問禮之本。子曰：「大哉問！禮，與其奢也，寧儉；喪，與其易②也，寧戚③。」

【注釋】

① 林放：魯國人。

② 易：治理。這裡指有關喪葬的禮節儀式辦理得很周到。一說謙和、平易。

③ 戚：心中悲哀的意思。

【譯文】

林放問禮的根本是什麼？孔子說，「大問題。禮，與其鋪張奢華，不如簡樸節儉。喪事，與其儀式隆重，不如真心的悲傷。」

【延伸閱讀】

孔子一生中最重視「禮」與「仁」。現在我們談到「禮」，常會想到禮貌、禮儀，而孔子的時代，「禮」的含

義非常廣。孔子重視的「禮」，規範了人與人的行為準則。可概括性地看成「社會秩序的規範」，它的涵蓋性已經超過現代的法律所能涵蓋的範圍。

本章記載了魯國人林放與孔子的對話。林放問孔子：「禮的根本究竟是什麼？」孔子並沒有正面回答林放，但實際上生動地回答了禮之根本的問題。孔子主張禮節儀式只是表達禮的一種形式，人們守禮根本不在形式而是在於內心。禮，不能只停留在表面儀式上，更重要的是要從人們的內心和感情上體悟禮的根本，符合禮的要求。

李贄的《贊劉諧》裡講述了這樣一個故事：

有一位道學先生，腳穿寬大而高底的木屐，身上的服飾長袖闊帶，儼然以綱常為冠、以人倫為衣，從故紙堆裡揀來了隻言片語，又竊取到了一些陳腔濫調，便自以為是真正的孔子信徒了。這時他遇見劉諧。劉諧，是一位聰明博學的才子，見了他微笑說：「你不知道我是孔子的兄長啊？」那位道學先生頓時生氣地變了臉色，站起來說：「上天如果不降生孔子，世界就會千秋萬代如在黑夜之中。你是什麼人，敢直呼孔子的名字而以兄長自居？」劉諧說：「怪不得羲皇以前的聖人都是整天點著紙燭走路啊！」那人無言答對。

劉諧一番話有何深刻道理？劉諧此話的高明之處，是他知道孔子是一個什麼樣的人。孔子為人十分謙虛，從來不承認自己為聖人，而對前代聖賢推崇備至，常常自歎不如。

在孔子看來，周公時代是最文明的，自己所處時代則很難碰到仁者，甚至長久夢不到周公。和周公時代的盛世比，孔子說自己的時代只算是長夜，怎麼能顛倒過來？所以劉諧的話讓此道學先生默然自止。

孔子重視「禮」，反對形式主義來符合禮的要求。真正符合禮的要求應該是發自人們的內心，像故事中的那個人，

【名家評析】●●●

劉寶楠《論語正義》評：喪與其務也，寧在於戚，則禮之本也。禮有其餘，未若於哀，則情之實也，並以「務」為禮有餘。

73

不管穿著上如何用心，嘴上說著之乎者也，也只是外在的裝飾而已，根本算不上是孔子的信徒。形式主義不僅不是尊重「禮」，反而是一種鋪張浪費的陋習。

孔子認為如果禮的形式過分奢華、繁複，不如儉樸、簡單，這裡「儉」除了指少花錢的意思，還指程序上的儉約。奢侈浪費是不好的行為，而太多的繁文褥節也讓人厭煩。比如，中國人辦喪事，希望辦得氣派，覺得這樣才算有面子，才算對得起死者。但是，執行起來很繁瑣、成本也很高，更重要的是花多少錢並不能完全展現人們的悲痛之情。喪事對於社會生活來講是非常的重要，不可沒有，但是不需要鋪張，寧可只是有對於失去親人的悲痛。無論是禮儀形式還是社會規範，都應該盡量簡明、高效、實用。對於喪禮，心裡真正地感傷、哀痛，即便形式上簡易、平實，也同樣是對死者的尊重和懷念。

儉能養德，儉能修身。儉是一種約束，要求人們不要貪圖過多。人們有了約束，有了克制，就會降低自己的奢望，抑制貪欲，對精神上的追會高於物質。人們在堅持儉的同時，內心也得到磨練，因為節儉需要人們吃苦。儉是古代聖人的品行，而奢侈則是墮落的作風；欲望太大，就會貪求奢侈，導致亡身之禍。同時，孔子認為節儉並不違反「禮」。鋪張奢華才是人們所不齒的行為。

節儉也是一種禮。孔子提倡寧儉勿奢，認為節儉是大德而並非小節，是大智慧而並非小聰明。儉可以成為一種精神力量，激勵著人們追求更高的道德境界，不被外界的物質所誘惑。儉展現了人的一種內心修養，不會在乎外在形式的華麗。禮對於社會生活來講是非常的重要，不可沒有，但又不要奢侈，人們需要節儉。

宣導節儉反對奢華，展現了儒家注重個人的道德修養和

理想人格的培養。總之，孔子提倡的禮儀，是發自內心肺腑的懂禮講禮，要發揚的是勤儉節約的精神，反對的是鋪張浪費的陋習。

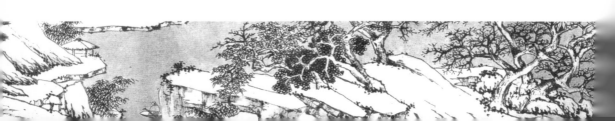

論語全書

第十七章　君子為學

朱熹《論語集注》評：學之為言效也。人性皆善，而覺有先後，後覺者必效先覺之所為，乃可以明善而復其初也。既學而又時時習之，則所學者熟，而中心喜說（悅），其進自不能已矣。自遠方來，則近者可知。愚謂及人而樂者順而易，不知而不慍者逆而難，故唯成德者能之。然德之所以成，亦曰學之正、習之熟、說之深，而不已焉耳。

【原文】

子曰：學①而時習②之，不亦說③乎？有朋④自遠方來，不亦樂⑤乎？人不知⑥，而不慍⑦，不亦君子⑧乎？

【注釋】

① 學：孔子在這裡所講的「學」，主要是指學習西周的禮、樂、詩、書等傳統文化典籍。

② 時習：在周秦時代，「時」字用作副詞，意為「在一定的時候」或者「在適當的時候」。但朱熹在《論語集注》一書中把「時」解釋為「時常」。「習」，指演習禮、樂；複習詩、書。也含有溫習、實習、練習的意思。

③ 說：（ㄩㄝˋ），同「悅」，愉快、高興的意思。

④ 有朋：一本作「友朋」。舊注說，「同門曰朋」，即同在一位老師門下學習的叫朋，也就是志同道合的人。

⑤ 樂：與「說」有所區別。舊注說，悅在內心，樂則見於外。

⑥ 人不知：此句不完整，沒有說出人不知道什麼。缺少賓語。一般而言，知，是了解的意思。人不知，是說別人不了解自己。

⑦ 慍：（ㄩㄣˋ），惱怒，怨恨。

⑧ 君子：《論語》書中的君子，有時指有德者，有時指有位者。此處指孔子理想中具有高尚人格的人。

【譯文】

孔子說：「學了後，時時去溫習它，不也很高興嗎？有志同道合者從遠處來共學，不也很快樂嗎？別人不了解自己，自己也不怨恨，這不是君子應該做到的嗎？」

【延伸閱讀】

宋代著名學者朱熹對此章評價極高，說它是「入道之門，積德之基」。這章孔子提出了三件他覺得為學至為重要的事情——學而時習之、有朋自遠方來、人不知而不慍。

覺悟人生的樂趣之一：學而時習之。

「學而時習之，不亦說乎？」意思是孔子把每天學習、溫習當成一件快樂的事情。孔子本人是一個愛學習的人，並享受著做學問的喜悅心境。孔子的心態是快樂的，他能從簡單的學習溫習中尋找快樂，享受快樂。現在很多年輕人都不喜歡學習，把學習當成一件痛苦的事情。還有一些人對「學」有壓力感，主要是因為周圍的人都在學，為了事業、職位等等帶著功利的心態去學。如此不用說學而時習之，甚至提起學習就是一件苦差事，哪裡談得上悅！

當孔子覺悟到一個人生的道理後，會時時刻刻放在心上，並且要求在實踐中力行做到。這一學習的過程能夠讓孔子從內心深處感覺到無限的喜悅，而學習之後，時常再溫習演練，更是一件快樂的事情。

這是孔子告訴我們的一種學習方法。學習需要溫習，複習才能夠讓學習的東西穩固。雛鳥在學習飛行之前首先是一邊密切關注成年的鳥的飛行狀態，一邊不停地扇動自己的翅膀，久而久之，雛鳥就會展翅飛翔了。人學習知識就和雛鳥學習飛行是一樣的道理。這需要人們有耐心、有恆心，認認真真地溫習知識。

覺悟人生的樂趣之二：有朋自遠方來。

「有朋自遠方來，不亦樂乎？」孔子把有朋友來訪看成一件快樂的事情。其樂不完全在友情方面，主要還是著重在知識的獲得。今天的我們可以想到，孔子生活的年代自然交通十分的不發達，資訊傳播困難。朋友的到訪可以為孔子帶來很多遠方的消息和見聞，同時有機會學習朋友的優點，互相促進，切磋技藝等等。對於好學的孔子而言，能夠與從遠方而來的志同道合的朋友一起研討學問，是一件多麼開心快樂的事情呢！

覺悟人生的樂趣之三：學習成為君子。

「人不知而不慍，不亦君子乎？」則是指孔子教學或論學的態度。孔子在教導學生的時候都要求自己能夠做到「學不厭」、「教不倦」，如果弟子領會得不夠，他一定會耐心地去解說與開導。同時，孔子認為與人討論學問時發生了辯論，應該能保持冷靜，不發火，才算有君子風度。

另外，「不知而不慍」也是為人處世的原則。在與人相處的時候，如果別人誤會了自己，不了解自己的真正想法，也不要怨恨對方，君子應該有寬容的修養，這是君子德行中基本的一種器度。不計較他人對自己的態度如何，心裡仍然是安靜平和的，且誠敬謙和的待人接物。

孔子把以上三件事作為自己人生的重要事情，概括起來說就是努力學習、加強人際交往、注重自我修養三個方面。

這三件事情看似是人生最平常的事情，但卻也不是很容易做到的事。要能夠從生活中的各個方面尋找快樂，享受快樂，需要人們有一個好的心態。

有這樣一個故事：

一個窮人在河邊釣魚。這時路過一位富人，對他說：「你為什麼不去做點兒更有意義的事呢？」

窮人問：「做什麼事？」

富人說：「比如去設法貸款買條漁船，出海捕魚……」

「那又怎麼樣呢？」

「你就可以賺到錢，還清貸款，還能買一條更大的船，捕更多的魚……」

「那又能怎樣呢？」

「你就可以獲得更多的財富，取得更大的成功，你就有能力去做自己喜歡做的事了。」

「做什麼事呢？」窮人繼續問。

「比如，你就可以悠閒地到河邊釣魚，享受人生的樂趣。」

窮人笑笑說：「那我現在在做什麼呢？不是正在釣魚嗎？」

生活中有快樂，那我們就享受快樂；生活中沒有快樂，我們就尋找快樂。其實快樂很簡單，你也可以輕鬆做到。生活就像一面鏡子，你對它笑，它就對你笑；你對它哭，它就對你哭。如果你有著快樂的思想，你就會快樂；如果你有著悽慘的思想，你就會悽慘。關鍵是心態快樂，人生自然快樂。

第十八章 苗而不秀 秀而不實

【原文】

子曰：苗而不秀①者有矣夫；秀而不實②者有矣夫！

【注釋】

① 秀：稻、麥等莊稼吐穗揚花叫秀。
② 實：結成果實。

【譯文】

孔子說：「莊稼出了苗，卻未能吐穗揚花是有的。吐穗揚花了，卻未能凝漿結實是有的。」

【延伸閱讀】

播種下的種子，有的雖然發芽，但卻未能吐穗揚花，而有的雖然能夠吐穗揚花，但未能結出果實。孔子用莊稼的生長、開花到結出果實來比喻人的成長過程。很多人就像是已經發芽的種子，本應該前途無量，但結果卻長不壯，枝葉並不茂盛，這就是「苗而不秀」。「秀而不實」則是雖然花葉扶疏，但卻沒有結出果實來。孔子這句話即是警醒人們，也

80

是在激勵人們做事要有始有終。

　　在我們的生活中，「苗而不秀」、「秀而不實」的人不在少數。很多人在年輕的時候會為自己設定一個目標，希望自己能夠達到一定的高度。但是後來由於各種各樣的原因，他們的人生不再充滿鬥志，變得最後不成器，就像是地裡花葉扶疏的莊稼，沒有結出果實來。讀了孔子的話，我們是不是應該反省一下自己的人生呢？年輕時的夢想為什麼會不了了之呢？

　　南朝的江淹，字文通，他年輕的時候，就成為一個鼎鼎有名的文學家，他的詩和文章在當時獲得極高的評價。可是，當他年紀漸漸大了以後，他的文章不但沒有以前寫得好了，而且退步不少。他的詩寫出來平淡無奇；而且提筆吟握好久，依舊寫不出一個字來，偶爾靈感來了；詩寫出來了，但文句枯澀，內容平淡得一無可取。

　　關於江郎才盡的原因有很多的傳說，但都是毫無根據的杜撰。不過，有人認為江淹的才華並不是已經用完了，而是他當官以後，一方面由於政務繁忙，另一方面也由於仕途得意，無需自己動筆，勞心費力，就不再勤於文章了。久而久之，文采自然逐漸遜色，缺乏才氣。學到的知識是自己真正擁有的，怎麼可能被別人奪走呢？所以，江郎才盡必然是自己不夠努力的原因。

　　孔子的意思不外乎是勉勵人們認真學習，自強不息，否則，半途而廢，功敗垂成，落得苗而不秀或秀而不實，終究是人生的一大遺憾。不論在進德或修業上，人們都應該有始有終，堅持到底。

　　孟子是戰國時代一個有名的辯士，他不但有高深的學問、豐富的知識，更習慣以深刻生動的比喻來諷勸執政者。

　　孟子對齊王做事沒有恆心，中途多荒廢的昏庸行為極為

【名家評析】

　　孔安國曰：言萬物有生而不育成者，喻人亦然。

81

不滿，便不客氣的對他說：「王也太不明智了，天底下即便有生命力很強的生物，可是你讓它在陽光下曬了一天，又放在陰寒的地方凍它個十天，它哪還活得成呢？我跟王在一起的時間很短，王即使有了一點從善的決心，可是我一不在王身邊，那些奸臣又來哄騙你，王又會沒有主見地聽信他們的話，叫我怎麼辦呢？」

孟子還向齊王打了一個生動的比喻：「下棋看起來是件小事，但假使你不專心，也同樣無法學好，下不贏。弈秋是全國最善於下棋的能手，他教了兩個徒弟，其中一個專心致志，處處聽弈秋的指導；而另一個人雖然在聽著，可是他心裡總以為有天鵝要飛過來，想拿弓箭去射牠。兩個徒弟是同一個師父教的，一起學的，然而兩人的成績卻差別很大。這並不是他們的智力有什麼區別，而是專心的程度不一樣啊！」

不管人們做什麼都應該專心，能夠堅持住。生活中我們常看到一些人，有了一點成績就開始沾沾自喜甚至驕傲自大，從此做事不再專心，不思進取，這樣的人必然會被淘汰。這就是很多天資聰明的人越來越平庸的原因。他們雖然曾經開過花，可曇花一現，轉眼即成過眼雲煙、昨日榮耀。

人在成長的過程中，會遇到各種各樣的困難。這些外界環境的變化，也可以影響人的一生。就像種子長出苗之後，農民會疏苗、間苗，把一些長得不好的幼苗拔掉。經過一輪的選擇之後，剩下的定苗也不是可以安枕無憂，也有隨時被淘汰的可能性。人們的成長環境也是如此！孔子的話就是在提醒人們時刻保持警惕，做事應該專心，有始有終，否則就會苗而不秀或者秀而不實。

人們常常感歎命運難以把握，感歎世界變化莫測，但是人們可以盡力控制自己的思想、行為，使自己整體朝著一個好的方向發展。即使自己生存的環境不是很好，也不要茫然失措、妄自菲薄、自暴自棄。也許你就是一塊璞玉，只是你還沒有發現自己的價值。為自己設定一個目標並付出不懈的努力，否則即便你是一塊金子也會逐漸黯然

褪色為一塊鐵，甚至淪落為一粒沙。你要對自己有信心，主動為自己「安排」到一個較低的位置上，一步一個腳印地努力。雖然前進的道路是曲折的，但是它始終朝著你努力的方向。

　　孔子的話在提醒我們每一個人，我們可以平凡，但不可以平庸。苗而不秀，秀而不實就等於平庸。平庸是人生的悲劇，而你自己就是這齣戲的導演。能不能讓自己碩果纍纍，關鍵在於自己，無論是什麼樣的原因，都不能阻止你向著夢想前進。

第十九章　發憤忘食　樂以忘憂

【原文】

　　葉公①問孔子於子路，子路不對。子曰：「女奚不曰，其為人也，發憤忘食，樂以忘憂，不知老之將至云爾②。」

【注釋】

① 葉公：葉（ㄕㄜˋ），葉公姓沈名諸梁，楚國的大夫，封地在葉城（今河南葉縣南），所以叫葉公。
② 云爾：云，代詞，如此的意思。爾同耳，而已，罷了。

【譯文】

　　葉公向子路問孔子是個什麼樣的人，子路一時不知如何回答，回來告訴孔子。孔子說：「你為什麼不這樣說，他這個人呀，發憤用功，連吃飯都忘了，心感快樂，把一切憂慮都忘了，連自己快要老了都不知道，如此而已。」

【延伸閱讀】

　　這一章是孔子的自述。葉公問子路孔子是一個什麼樣的

人，子路不知道該如何回答。孔子知道這件事情後，生動平易地回答了這個問題。

　　對於學習，孔子到老都沒有過厭倦之心，所以他可以自信地說：「發憤忘食，樂以忘憂，不知老之將至」。「發憤忘食」就是我們通常所說的廢寢忘食精神，但孔子的廢寢忘食不是打麻將，不是玩線上遊戲，而是追求學問，學而不倦。「樂以忘憂」就是「飯疏食，飲水，曲肱而枕之，樂亦在其中矣。」或者如「一簞食，一瓢飲，在陋巷，人不堪其憂，回也不改其樂。」所以，孔子的樂與憂全在於求學。「不知老之將至」說明孔子的年齡雖然大了，但仍然自強不息，不放鬆學習。從孔子的自述中，我們可以看到一個充滿生氣與活力的老者，一個「老驥伏櫪，志在千里」的學者。

　　用今天的話來概括孔子，可以說是「活到老，學到老」。孔子生平，唯自言好學。學有未得，憤而忘食。學有所得，樂以忘憂。孔子好學到了忘記時間、忘記自我的地步，連自己已經漸漸變老都沒有注意到。凡事好學的人自然懂得發憤讀書，並以此為樂。這是一種不厭不倦不息不已的生命精神。

　　我們常說：「活到老，學到老」，提倡的是對求知的無限追求。今天在我們的生活中，有的人渾渾噩噩，夜夜笙歌，嗜賭成癖，不思進取的活著，但有的人博覽群書，秉燭夜讀。不管在什麼時候，後者都可以比前者得到更多的尊重。

　　人的一生是離不開學習。無止境地學習，是每一個智者所必要的，是每一個向上者所嚮往的。

　　不過，有的人對「活到老，學到老」總是抱著不以為然的心理。他們通常會認為人生七十古來稀，七、八十歲的老人再求學有什麼意義呢？簡直是自己找罪受，人生已經踏上

【名家評析】

　　程頤曰：不學便老而衰。

　　王心齋曰：樂是樂此學，學是學此樂。不樂不是學，不學不是樂。

暮途，學再多的知識又能為自己獲得什麼好處呢？不要因為人生所剩無幾而感歎，浪費了自己寶貴的時光，使生活變得被動，無暇投入積極的人生。學習孔子可以從讀書學習和各種活動中體會到無窮樂趣，他不為身旁的小事而煩惱，表現出積極向上的精神面貌。

知識就是力量，只要你堅持不懈地學習，就能獲得更多，就越有力量。知識對你的成長和事業的發展是非常有價值的。同時，不論你處於哪一個年齡，學習都同樣重要。在學習面前永遠沒有「晚」和「止」這個概念。只要你擁有一顆充滿求知欲的心，儘管已是歲暮年深，仍可以視艱難的學習之路為坦途。

《師曠論學》講了這樣一個故事：

晉平公問於師曠曰：「吾年七十，欲學，恐已暮矣。」師曠曰：「何不秉燭乎？」平公曰：「安有為人臣而戲其君乎？」師曠曰：「盲臣安敢戲其君？臣聞之：少而好學，如日出之陽；壯而好學，如日中之光；老而好學，如秉燭之明，孰與昧行乎？」平公曰：「善哉！」

這個故事主要意思是說晉平公感歎自己七十歲了，想要學習，卻恐怕已經晚了。師曠對他說：「少年的時候喜好學習，如同初升太陽的陽光一樣；中年的時候喜好學習，就像正午太陽的陽光一樣；晚年的時候喜好學習，就像把蠟燭點燃一樣明亮，點上蠟燭和在黑暗中走路哪個好呢？」學習是一生的事情，不論你正處於是少年、青年、中年或者老年，你都不要丟掉對學習的熱情。一個人如果不及時更新自己的知識，很快就會進入「知識半衰期」，就會被社會淘汰。其實，人的能力就像蓄電池一樣，會隨著時間而逐漸流失。不進則退，「活到老，學到老」何等重要。

常人喜歡說：「活到老，學到老」，飯可以少吃，覺可

【名家評析】

錢穆《論語新解》評：聖人之學，人人所能學，而終非人人之所能及，而其所不能及者，則仍在好學之一端。此其所以為大聖歟！學者就此章，通之於《論語》全書，人聖之門，其在斯矣。

以少睡，書不可以不讀；讀書治學，一是要珍惜時間，二是要勤奮刻苦，除此以外，沒有什麼竅門和捷徑。知識就是生存，知識就是武器，知識就是財富，人們生活在世上怎麼能不學習呢？

今天的社會競爭越來越激烈，能夠更好地適應社會的人應該是熱愛學習的人，不斷實現自我完善、自我超越的人。學習是人們心靈的加油站，智慧的充電器，人對學習不能有厭足之心。我們每個人，都應該樹立終生學習的理念。學無止境，任何時候都應該把握學習，在學習中工作，在工作中學習。真正實現與時俱進，跟得上時代發展的步伐。

第二十章　未知生　焉知死

【原文】

（季路）曰：「敢問死。」子曰：「未^①知生，焉知死？」

【注釋】

① 未：還沒有。

【譯文】

子路說：「請問人死後如何？」孔子說：「還不知道生是怎麼回事，又哪能知道死呢？」

【延伸閱讀】

在孔子的時代，鬼神是一個大觀念。人們所舉辦的祭祀活動，就是祭祀自己的先祖和鬼神等，是社會生活中非常重要的一件大事。孔子對待祭祀的態度顯得極為莊重嚴肅，在《論語》也是多次提到。孔子認為祭祀事關禮儀，大意不得。但當子路問道：「如何侍奉鬼神？人死了以後如何？」孔子的回答是：「未能事人，焉能事鬼？」，「未知生，焉

【名家評析】

　　蔡仁厚評：孔子以事人之道為先，以生之道為本。但所謂「義之所在，生死以之」，死之道並不異於生之道。人從生到死，只是「盡義」，只是「由仁行義」而已。他還提出儒家不是純粹的人文主義，而是充滿宗教情懷的。將祭祀納於禮的範疇中，正是儒家「寓宗教於人文」的表現。

知死？」從這些的話中，我們似乎可以看出孔子對子路的問題有些顯得不滿。

中國人的鬼神觀念由來已久，先民們在認識自然的過程中，逐漸產生了「萬物有靈」的認識論。中國殷商時代，就曾出現「率民以事神，先鬼而後禮」的情況。但孔子不信鬼神，也不把注意力放在來世，或死後的情形上。在孔子看來，在人活著的時候，如果不能盡忠盡孝，死了以後更談不上孝敬鬼神。孔子告誡子路先要學好「事人」，將自己的事情做好。孔子還主張先把「生」的事做好，使自己的人生有意義就行了。

孔子的回答表明了他在鬼神和生死問題上的基本態度。在鬼神崇拜盛行的春秋時代，孔子對鬼神、生死所持的態度，實在是難能可貴的。從更深層次上講，**孔子認為懂得侍奉人才能懂得侍奉鬼，明白了生才能明白死；人們應該以侍奉人為重，不應談論鬼，還應該專注研究人生道理，不應談死的事情。**

子路是孔子的得意弟子，性格直率勇敢，十分孝順。早年家中貧窮，自己常常採野菜當作飯食，卻從百里之外負米回家侍奉雙親。父母死後，他做了大官，奉命到楚國去，隨從的車馬有百乘之眾，所積的糧食有萬鐘之多。坐在疊疊的錦褥上，吃著豐盛的筵席，他常常懷念雙親，慨歎說：「即使我想吃野菜，為父母親去負米，哪裡能夠再得呢？」孔子讚揚說：「你侍奉父母，可以說是生時盡力，死後思念哪！」

孔子之所以重視祭祀先人鬼神，並不是為了親近鬼神，他更多關注的是祭祀的禮儀是否符合倫理綱常，展現出以周天子為主宰的天下大道。孔子注重的仍是活在當下，注重眼前發生的事情，珍惜現實的人生。孔子認為人活著不必杞人

【名家評析】

林語堂評：古代人已經將思想問題交與聖人，所以盡可以在思想枯寂的世界裡吟風弄月，醉生夢死，遷延歲月，死而後已。現代人已經不能過這種生活了，時時要感覺各種問題的壓迫。

憂天，人們很難解答關於鬼神、生死的問題，所以何必要太多地關注自己無法解答的問題。

門生蕭惠向先生請教生死之道。王陽明說：「知道晝夜，就知道生死了。」蕭惠就問晝夜之道。王陽明說：「知道白天就知道黑夜了。」蕭惠說：「難道有不知道白天的人嗎？」王陽明說：「你能知道白天嗎？懵懵懂懂地起床，胡七亂八地吃飯，行動而不明究竟，習慣卻不察原因，整天渾渾噩噩，這只是夢中的白天。只有『息有養，瞬有存』，讓自己的心清醒明白，天理未曾有片刻間斷，才能算真正知道白天。這就是天德，就是通曉了晝夜的道理，從而知曉了生死的道理，哪裡還有什麼生死問題？」

這是王陽明和弟子之間一段探討生死的對話。人之所以祭先祖鬼神，實則是對自己誠意的考驗，對自己人格、人品的檢驗。人們是否按照天道、地道、人道去思考、做事，是否能夠對得起自己祖先，對得起公道、公理。只有人們做到問心無愧，才是對天地鬼神的最大敬意。

子疾病，子路請禱。子曰：「有諸？」子路對曰：「有之。誄曰：『禱爾於上下神祇。』」子曰：「丘之禱久矣。」

意思是說有一次孔子得了重病，子路要為他向神祈禱。孔子問子路說：「有用嗎？」子路說：「有用。」孔子說：「我早就『祈禱』過了。」孔子所謂「祈禱」，就是一生行事。孔子敬鬼神是為了表達自己對天地祖先的敬意，使自己更加謹慎小心地做事，而不是求鬼神保佑、偏袒自己。孔子說「丘之禱久矣」，是因為他自認一生行事都是可以昭告神明、問心無愧，所以不必做那種乞求恩惠的乞討。孔子日常的言行舉止達乎仁義，合於神明，當然說「丘之禱久矣」也。

【名家評析】

錢穆評：死生本屬一體，蟄蟄而生，則必昧昧而死。生而茫然，則必死而惘然。生能俯仰無愧，死則浩然天壤。今日浩然天壤之鬼神，皆即往日俯仰無愧之生人。苟能知生人之理，推以及死後之鬼神，則由於死生人鬼之一體，而可推見天人之一體矣。

　　孔子的這種關注現實、積極用世的思想，對後世產生了深遠的影響。而今天的我們又是如何做人做事呢？那些為了名利急功近利的人們活得快樂嗎？他們的人生還有其他的追求嗎？人們應該腳踏實地做好每一件事，一步一步地來，循序漸進是事物發展的規律。生活中人們應該先做好眼前事，珍惜身邊人，後圖將來志。

第二十一章　一簞食　一瓢飲

朱熹《論語集注》評：顏子之貧如此，而處之泰然，不以害其樂，故夫子再言「賢哉回也」以深歎美之。

朱熹《論語集注》程子曰：顏子之樂，非樂簞瓢陋巷也，不以貧窶累其心而改其所樂也，故夫子稱其賢。又曰：簞瓢陋巷非可樂，蓋自有其樂爾。其字當玩味，自有深意。又曰：昔受學於周茂叔，每令尋仲尼顏子樂處。所樂何事？愚按：程子之言，引而不發，蓋欲學者深思而自得之。今亦不敢妄為之說。

【原文】

子曰：賢哉回也，一簞①食，一瓢飲，在陋巷②，人不堪其憂，回也不改其樂③。賢哉回也。

【注釋】

① 簞：（ㄉㄢ），古代盛飯用的竹器。
② 巷：此處指顏回的住處。、
③ 樂：樂於學。

【譯文】

孔子說：「顏回的品質是多麼高尚啊！一簞飯，一瓢水，住在簡陋的小屋裡，別人都忍受不了這種窮困清苦，顏回卻沒有改變他好學的樂趣。顏回的品德是多麼高尚啊！」

【延伸閱讀】

「一簞食，一瓢飲，在陋巷，人不堪其憂，回也不改其樂。」，孔子又一次稱讚顏回，對他做了高度評價。顏回是孔子最喜愛的學生，可惜三十二歲就亡故了。這章孔子評

價了顏回的生活狀態和精神境界——一簞食，一瓢飲，在陋巷。一碗飯，一瓢清水，住在貧民窟裡一條陋巷中。物質環境苦到這個程度，心境竟然恬淡依舊，難怪孔子這麼讚歎欣賞這個學生。

這裡講顏回雖然過著貧困清苦的日子，仍可以「不改其樂」，有著貧賤不能移的精神。如果讓你來過顏回的生活，你能夠做到「不改其樂」嗎？很多人在物質生活艱苦的時候，心裡就會有憂愁、煩惱。可是，顏回仍然不改其樂，心裡一樣快樂。這句話也告訴今天的我們，**人活著總是要有一點精神的，為了自己的理想，就要不斷追求，即使生活清苦困頓也自得其樂。**

孔子讚賞顏回是因為他在艱苦的物質環境下，仍然不忘好學，也不覺得自己生活的艱苦。有的人在艱苦的物質環境下，或者就此不思進取，或者一味地為了物質上的改變不擇手段，但顏回卻可以保持更高的精神境界。

山不在高，有仙則名。水不在深，有龍則靈。斯是陋室，唯吾德馨。苔痕上階綠，草色入簾青。談笑有鴻儒，往來無白丁。可以調素琴，閱金經。無絲竹之亂耳，無案牘之勞形。南陽諸葛廬，西蜀子雲亭。孔子云：「何陋之有？」

很多人都讀過劉禹錫的《陋室銘》，作者托物言志，透過讚美簡陋的居室，表達了自己不慕榮利，保持高尚節操的願望和不求聞達、安貧樂道的生活情趣。「苔痕上階綠，草色入簾青。談笑有鴻儒，往來無白丁。」從這篇文章，我們可以看出作者追求之高雅、精神之富有，不僅給人一種陋室不陋的感受，而且還有一種鬱鬱蔥蔥的青草掩映下的小屋，充滿了勃勃生機的景象。

富而不貴，貧而不清。很多現代人整日沉溺於觥籌交錯、燈紅酒綠中，看似生活快樂，實則精神空虛，反倒不如

【名家評析】

傅山評：昔人教尋孔顏樂處，此也是平地坺垛語。讀得書久，自有樂處，便與孔顏不遠。若白白去尋孔顏，孔顏與你個對面不見，豈不冤過了日子也。賴天地祖宗之澤，破書可讀，一切齷齪人事不到眼前，心上鈍資磨去，日知所亡，三間小屋之下，好不富貴也。自愛不自貴，自知不自見，聖經賢傳，古今載記，盡爾遊行，誰能禁之。

「一簞食，一瓢飲，在陋巷」的舒展輕鬆。平淡清苦生活的恬然自得，是很多生活在繁華和喧囂中的人無法感悟到的真諦！在喧囂擁擠的城市裡，生活著很多為了財、名、利的人，絕不會像顏回那樣可以體會到好學的樂趣，而是被自己的欲望牽引著走向另一個世界。

林語堂曾經說過：人類的生活弄得太複雜了，僅僅是直接或間接供養自己的問題，已經需要我們人類十分之九以上的活動了。……我們的危機是在過分文明，是在獲取食物的工作太苦，因而在獲取食物的過程中，失掉吃東西的胃口——我們現在的確已經達到這個境地了。由莽叢中的野獸或哲學家的眼光看起來，這似乎是沒有什麼意義的。

生活是什麼？人們生活又是為了什麼？物質上富足就一定擁有幸福嗎？有的人把金錢作為衡量幸福的標準，認為金錢是達到幸福的手段。一些人為了滿足自己欲望，殺人搶劫、貪污受賄、勾心鬥角，弄得自己身心俱疲。還有的人沒日沒夜、拚命工作，身體狀態亞健康，透支著自己的生命。這樣的人生快樂嗎？

有的人總是覺得自己擁有的太少，實則是自己欲望太多，知道得太少。很多人急切的去追求自己理想中的家庭、事業和生活。可是，當他們急切的「爬上一個山坡」的時候，看到的卻是另一個更高的「山坡」。物質上富足不是真正的富有，只有精神上的充實才算是擁有財富。

第二十三章　又敬不違　勞而不怨

【原文】

　　子曰：事父母幾諫，見志不從，又敬不違①，勞②而不怨。

【注釋】

① 違：違抗。
② 勞：憂愁、煩勞的意思。

【譯文】

　　孔子說：「對待父母的錯誤，在表達了自己意見之後，如果父母不接受，仍要孝敬他們，不違背他們的意願；即使自己受苦受累，對父母也不應有半句怨言。」

【延伸閱讀】

　　這一章是孔子講關於孝敬父母的問題。孔子認為侍奉父母，要求子女對父母絕對服從，百依百順。「不違」是子女對父母的絕對服從。即便父母做的事情不對，子女還是不能違背他們的意願，而且不能有絲毫怨恨。這句話可能會讓人

認為孔子的觀點存在不合理的地方，難道父母做錯了事情，子女也要跟著一起錯下去嗎？

孔子的時代等級制度森嚴，君君、臣臣、父父、子子之間的關係要符合禮，維護封建宗法家族制度的重要綱常名教，但我們不能就此認為孔子的認識是膚淺的。我們可以這樣理解孔子的意思：在侍奉父母過程中，兒女需要用盡量委婉的方式表達自己的建議和想法；如果父母一時想不通、不接受，做兒女的依然要孝敬父母，站在父母的立場思考問題，即使父母有不對的地方也不能心生怨恨。

曾皙、曾參父子倆都是孔子的學生。曾皙為人脾氣暴躁，性格狂放，有詩人氣質。曾參與父親迥然相異，為人處世謹慎恭敬，有孝子美名。

一天，曾參和父親曾皙在瓜地裡鋤草，曾參不小心把瓜秧鋤斷了，曾皙看見了，怒氣油然而生，不能自持。他從地上抓起一根木棒，朝曾參氣勢洶洶地走來，曾參看見父親兩眼冒火，怒氣沖天，並不驚慌，而是平靜如常，沉默著，既不辯解，也不逃跑。曾皙掄起木棒猛擊曾參後背，曾參應聲倒下，人事不省。過了好久，曾參甦醒過來，他慢慢地從地上爬起來，脊背上仍然感到陣陣疼痛，但他臉上顯出高興的樣子，走到曾皙面前說：「剛才我鋤斷了瓜秧，惹得父親生氣了，父親用力教導我，您不會累病吧？」曾皙沉默不語。

曾參回到屋裡，仍舊像往常一樣彈琴唱歌，他想用琴聲和歌聲來告訴父親，自己雖然被打得很重，但身體很好。魯國人知道了這件事，都稱讚曾參是孝子。

孔子聽說了這件事情，卻非常生氣，他對弟子們說：「曾參再來，不要讓他進我的門。」曾參自認為自己並沒有做錯，為什麼老師不讓進門呢？他請同學說情，要面見孔子。曾參恭敬地問道：「先生，弟子做錯了嗎？」

【名家評析】

程樹德《論語集釋》評：事親，隱而無犯。

注：隱，謂不張揚其過失也。無犯，不犯顏而諫。《禮記‧曲禮》：「三諫而不聽。則是泣而隨之」。

　　孔子不滿地瞥了他一眼，說道：「你聽說過嗎？過去，一個瞎眼老頭的兒子叫舜，舜非常孝順父親，為了讓父親隨時叫自己能夠聽到，無時無刻不在父親身邊；但他父親想要殺他時，卻找不到他。他父親拿著小棍子打他時，他就站在那裡等待父親懲罰，要是看見父親拿起大棍子時，他就趕快逃跑，所以瞎眼老頭沒有犯過不行父道的罪過，舜也沒有失去純厚的愛心。如今你孝順父親，卻交出自己的身體等著父親暴怒毒打，甚至被打死了也不躲避。你以為這是孝順嗎？如果你被打死了，就是使父親陷入了不義的境地，這就是大不孝！你不是天子的百姓嗎，殺天子的百姓，是什麼罪過呀？」

　　曾參聽罷孔子一席話，茅塞頓開，滿面慚愧，他說：「曾參之罪太大了。」

　　從這個故事中，我們可以看出孔子認為子女要誠心侍奉父母，但不能因為父母一時的糊塗而縱容他們犯下更大的錯誤。孔子向曾參講了舜的故事，告訴了他一種處理問題的方法，逃跑看似是不尊重父母，違背父母的意願，實則是避免父母錯上加錯。因為在父母不夠冷靜的時候，是很難改變自己的想法。避免正面衝突，並不是不孝順的行為。

　　現在很多年輕人常會和父母發生爭吵，這是一種極為不孝的行為。兩代人之間發生不愉快的事情，都是由於缺乏理解和溝通、過於固執自我所造成的，而其最終結果必然是相互傷害。孝順兩字，以順為先。順是孝的基礎。試想，子女總是違背父母的心意行事，怎麼還算是孝順呢？子女總讓父母不順心，即便是用好吃好喝，好穿好戴來侍奉，但老人家心裡並不順暢，又何來歡樂，怎會有心情去享受那些吃喝穿戴？畢竟，物質的享受無法代替精神上的滿足。

　　孝是中國的傳統美德，是其他美德的基礎，所謂「百善孝為先」，「烏鴉反哺，羔羊跪乳」。一個連父母都不知道孝順的人，怎麼可能誠實守信，博愛大眾呢？人無完人，金無足赤。父母也不一定完全對，但無論如何，父母所做的一切，出發點還是為子女好，為子

女考慮，他們絕對沒有傷害子女的心。儘管父母的思想和主張難免會有各式各樣的局限性，但即便如此作為子女也不可頂撞父母，而應盡量地徵求父母的意見，在他們理解自己後再去行動。作為子女，孝順父母一定要走進他們的內心世界，學會理解他們的想法。

了。」男孩一聽就高興了，把果子都摘了，歡歡喜喜走了。

　　就這樣，每年他就是在摘果子的時候匆匆忙忙來，平時都沒有時間來玩。幾年之後，少年已經長成一位青年，他再來到樹下的時候，大樹更老了。大樹說：「哎呀，你這麼長時間不來，你願意在這兒玩一會兒嗎？」孩子說：「我現在要成家立業了，我哪兒有心思玩啊？我連安家的房子都還沒有呢！我也沒有錢蓋房子呀！」

　　大樹說：「孩子，你千萬不要不高興，你把我所有的樹枝都砍了不就夠你蓋房子了嗎？」青年人高興起來了，把樹枝都砍了，回去成家了。

　　這樣又過了很多年，這孩子再來的時候，已經是中年人了，這大樹已經沒有果子也沒有樹枝了。孩子還是不高興，一個人心事重重地徘徊在樹下。他對大樹說：「我現在成長了，唸完書，也成家了，我想在世界上做大事。這世界上的海洋這麼浩瀚，我要去遠方，可我連隻船都沒有，我能去哪兒啊？」

　　大樹說：「孩子，你別著急，你把我的樹幹砍了你就可以做船了。」這孩子一聽很高興，砍了樹幹，做了一條大船出海去了。

　　又過了很多年，原本的參天大樹變成了一根快要枯死的樹根了。這時候，這個孩子回來了。不過，他也老了。大樹對他說：「孩子啊！真對不起，你看我現在沒有果子給你吃了，也沒有樹幹給你爬了，你就更不願意在這兒跟我玩了。」

　　他回答大樹：「其實我現在也老了，有果子我也啃不動了，有樹幹我也不能爬了，我從外面回來了，我現在就是想找你守著歇一歇，我累了，我回來就是跟你玩的。」

　　老樹根很高興，他又看見孩子小時候的樣子了。

　　這個故事講得就像是父母和子女的關係。父母總是義無反顧地為子女奉獻著一切，但是很多子女總是坦然地享受這一切，直到自己在外面受到了傷害，或者遇到父母突然發生變故時，比如生了重病，故去……才能夠意識到父母是多麼的愛自己，父母對自己是多麼的重

要。

比爾·蓋茲在一次接受義大利《機會》雜誌採訪時，記者問他：「最不能等待的事情是什麼？」令記者吃驚的是，比爾·蓋茲說：「天下最不能等待的事情是孝敬。」

孔子的這句話中的「喜」字是因父母雖年增而健在，「懼」是因父母年增而衰老而近死亡。**當父母上了年紀，讓人感到悲傷的時候隨時可能發生，那麼在父母健在的時候為他提供一個快樂的晚年，不要給自己或者父母留下太多的遺憾。很多事情一旦錯過，將會無法彌補。**

一位事業成功的人一直認為自己是一個不孝順的兒子。當他功成名就時，他的母親卻去世了。臨終時他因為一筆生意在外地，甚至沒能見到母親最後一面。事業上再成功也無法彌補親情的失落了，也無法改變他沒能守在母親身邊的事實。他的事業是成功了，可是親愛的母親卻不能與他分享成功的喜悅。

《韓詩外傳》中講到皋魚周遊列國去尋師訪友，所以很少留在家裡侍奉父母。豈料父母相繼去世，皋魚驚覺從此不能再盡孝道，深悔父母在世時未能好好侍奉，但已追悔莫及了！「樹欲靜而風不止，子欲養而親不待也」是皋魚痛失雙親後的無奈和感歎。這句話描寫樹大不喜隨風擺動，否則便枝歪葉落；無奈勁風始終不肯停息，而樹木便不斷被吹得搖頭擺腦。風不止，是樹的無奈；而親不在則是孝子的無奈！

很多人每天忙於事業或者是自己的小家庭，極少有時間陪陪父母，同他們話話家常，或和他們散散步。「子欲養而親不待」是人世間最悲愴的痛！父母健在是子女們的福分。當父母健在，子女還有機會報答時，應該盡量多陪陪他們，多為他們想一點，做一點，使他們頤養天年，得享家庭的天倫之樂。

第二十六章　父母唯其疾之憂

【原文】

孟武伯①問孝，子曰：「父母唯其疾之憂②。」

【注釋】

① 孟武伯：孟懿子之子。孟懿子，魯大夫，乃孔子早期學生。孔子主張墜三都時，孟懿子抗命，故後人不將其列為孔門弟子。

② 父母唯其疾之憂：其，代詞，指父母。疾，病。

【譯文】

孟武伯請教孝道。孔子說：「做子女的，只需父母在自己有病時擔憂，但在其他方面就不必讓他們擔憂操心了，這就是孝。」

【延伸閱讀】

關於孔子所說的「父母唯其疾之憂」，歷來有三種解釋：第一種，父母愛自己的子女，無所不至，唯恐其有疾病，子女能夠體會到父母的這種心情，在日常生活中格外謹

【名家評析】

朱熹《論語集注》評：言父母愛子之心，無所不至，惟恐其有疾病，常以為憂也。人子體此，而以父母之心為心，則凡所以守其身者，自不容於不謹矣，豈不可以為孝乎？舊說，人子能使父母不以其陷於不義為憂，而獨以其疾為憂，乃可謂孝。亦通。

慎小心，這就是孝。第二種，子女只要為父母的病疾而擔憂，其他方面不必過多地擔憂。第三種，做子女的，只需父母在自己有病時擔憂，但在其他方面就不必擔憂了，表明父母的親子之情。這裡我們採用了第三種說法。

本章是孔子對孟懿子之子問孝的答案。這裡還有一個故事：春秋魯國時期，有一天，魯國的世家公子孟武伯去拜見孔子，請教關於孝道的學問，孔子笑著說：「孝道很簡單，你只要想到當你生病的時候，你的父母那種憂愁、焦慮、著急的程度，你就懂得孝了。」孔子講「孝道」旨在深深體會父母之心，並盡力解除所擔憂的。孝就是讓父母心安，體悟父母之心，以父母之心為心，以父母之憂為憂，縈繫掛念。

孝道不僅僅是物質生活上的殷實，父母更需要心靈的溝通和呵護。孝，就是一種愛的回報，生命能量的回流。

漢文帝劉恆，漢高祖第三子，為薄太后所生。高后八年（西元前180年）即帝位。他以仁孝之名，聞於天下，侍奉母親從不懈怠。母親臥病三年，他常常目不交睫，衣不解帶；母親所服的湯藥，他親口嚐過後才放心讓母親服用。他在位二十四年，重德治，興禮儀，注意發展農業，使西漢社會穩定，人丁興旺，經濟得到恢復和發展，他與漢景帝的統治時期被譽為「文景之治」。

孝敬父母也不是說天天侍候在父母身旁，端茶倒水，洗衣拖地，因為現在這個社會很多人畢業以後，背井離鄉，赤手空拳，闖蕩世界，自己還不能照顧好自己，怎麼來安頓父母呢？但是在父母生病需要照顧的時候，子女應該守在身旁，這是對父母最大安慰。

有一首歌叫《常回家看看》，子女要在心裡常掛念著、惦記著父母。父母就是你的家，能和父母在一起那裡都可以是家。志在四方的遊子，無論自己漂泊再遠，也不要忘了父

母是你的根，只有根牢固了，子女這棵樹才能茂盛。父母還是孩子可以依靠的港灣，父母任何時候都迎接著孩子回家。

子女孝敬父母除了關心父母吃得好不好，住得舒不舒服，還應該想父母所想，不要讓父母為自己擔心。兒行千里母擔憂。如果子女總是做出一些讓父母擔心的事情，這會讓父母夜不能寐，食不下嚥。父母最看重的是孩子是否過得開心，身體是否健康，而不是一定要大富大貴。在我們的生活中很多年輕人為了理想，努力工作，甚至是長期處於亞健康狀態。父母雖然為子女的勤奮上進而高興，但也會為子女的身體健康擔憂。

子女要體諒父母為他擔憂的那份心意，而不僅僅是物質上的付出就可以做到的。比如，兒女在外拚命工作也小有成就，給父母買了大房子，但是父母卻不知道子女生活過得怎麼樣，結果父母變成了「守門人」，變成了真正意義上的「獨居老人」，而老人的心裡除了孤單還有著一份牽掛。

社會上還有一些年輕人正好相反，他們過著「啃老」的生活。根據調查，有高達65%以上的家庭存在「老養小」現象，有30%左右的成年人基本生活都靠父母供養，媒體把這類人稱為「啃老族」。找工作，獨立生活，計畫開支，甚至交朋友，買房子成家，原本是成年子女應該自理的事情，卻讓老人家操心，完全替自己張羅，又出錢又出力。那些不能夠獨立的子女，父母也一定會擔心其以後的生存能力，怎麼能夠安享晚年生活呢！

為人子女，應該明白自己已經是大人了，很多事情自己應該獨立完成。父母不是自己的終生保母，當自己已是成人，就是到了可以回報父母的時候了。尤其，子女步入青壯年，而父母卻在一天天的衰老。孝順的子女是不會讓父母為自己操勞的。

【名家評析】

南懷瑾評：孔子說，如果你能真正體會到孩子生病時父母那種憂愁、擔心、慌亂的心境，你便會懂得什麼是孝，怎樣才算盡了孝道。這種心境只有當自己為人父母之時才能體會，當你恨不得代替兒女承受病痛的折磨時，你便會想到自己父母曾經的付出。如果對父母能付出如自己兒女生病時那種程度的關心與擔憂，才是真正的孝道。

第二十七章　孝發於心

【原文】

子夏問孝，子曰：「色難①。有事，弟子服其勞②；有酒食，先生③饌④，曾是以為孝乎？」

【注釋】

① 色難：色，臉色。難，不容易的意思。
② 服其勞：服，從事、擔負。服勞即服侍。
③ 先生：先生指長者或父母；前面說的弟子，指晚輩、兒女等。
④ 饌：（ㄓㄨㄢˋ），意為飲食、吃喝。

【譯文】

子夏請教孝道。孔子說：「在父母面前總保持和顏悅色最為難能可貴。有事情晚輩出力，有酒菜長輩吃喝，這難道就是孝了嗎？」

【延伸閱讀】

在《論語》中有幾章提到了「孝」，孔子所提倡的孝，

有著一個共同的思想，就是不僅要從形式上按周禮的原則侍奉父母，而且要從內心深處真正地孝敬父母。

那麼，何謂「孝」呢？孔子認為「孝」不在於子女是否拿好吃的給老人吃，如果子女內心不恭敬，就會態度不好，臉色難看，這就失去了孝道的根本。孔子的觀點尤其值得今天的年輕人注意。

現在很多年輕人在外面打拚，常會遇到不順心的事情，如果情緒控制得不好，就很容易發洩到父母身上，就更別說陪父母好好聊天了。如果你質問這樣的子女不夠孝順，他會說：「我們每個月給父母很多生活費，還花錢雇幫傭來照顧老人，每次節假日都會送給老人一堆東西。」其實，盡孝遠不是那麼回事。

孔子強調盡孝是要符合周禮，周禮兩字聽上去和現代社會很遙遠，但是它其中的價值觀仍可以沿用到今天。孔子所言盡孝道需要遵循的「禮」，不是形式上的禮節與禮數，最重要的仍是子女在孝敬父母時的那顆真心。做子女的要照顧愛護父母，用一種愉悅的心情來和父母相處。快樂心情可以傳遞，子女總是誠心誠意、開心快樂地照顧著父母，父母自然能夠感受子女的孝心。反之，子女只是應付差事，父母就會認為子女對自己的關心是虛情假意，日子過得也不會舒心。

《孟子》中寫道：侍奉之事，什麼為最大？侍奉父母為最大；操守之事，什麼為最大？守護自身為最大。沒有喪失操守而又能侍奉好父母的，我聽說過；喪失了自身操守而能侍奉好父母的，我從來沒聽說過。誰不做侍奉人的事呢？侍奉親人，是侍奉之事的最根本；哪種好品德不該守護？但守護自身是守護的最根本。曾子奉養他的父親曾皙，每餐必定有酒肉。飯後把飯菜撤走時，必定要請示（把剩下的酒肉）

【名家評析】

藕益大師評：根於心而生於色，孝在心，而不獨在事也。

給誰；父親問有沒有剩餘，必定說「有」。曾晳死後，曾元奉養他的父親曾子，每餐也必定有酒肉。但飯後把飯菜撤走時，不請示剩餘的給誰；父親問有沒有剩餘，就回答說「沒有了」，其實他是想把剩的飯菜下頓再給父親吃。這就是人們所說的僅僅是供養父母的身體。像曾子那樣，才可以稱為對父母誠心的奉養。侍奉父母能像曾子那樣就可以了。

子女如何孝敬父母才算是真心呢？誠心誠意、和顏悅色地對待父母雖然重要，但是真正做到也是很不容易的。俗話說：「久病床前無孝子」，如果父母生病了，子女照顧父母一天兩天還容易，一月兩月也可以忍忍就過去，但如果是一年兩年呢？父母長期臥病在床，生活不能自理，很多子女平時也算孝順，但長久也難免流露厭煩的神色。我們可以體會照顧重病的父母不容易，但是真正的孝子是不會認為這是一件困難的事情。

如果你照顧父母能夠像父母照顧你那樣，才是真正盡了孝。而那些已經做了父母的人，也應該體會一下自己是怎麼樣照顧自己的孩子。養兒方知父母恩。你照顧孩子和照顧父母的程度應該是一樣，這也算是盡了孝道。當父母有了心煩的事情，想要和你商量，子女就應該認真傾聽，為父母分擔憂愁。即使工作再忙，也不能忽略父母的感受。

其實，孝順父母更強調一種心理感受，有了內在的孝敬之真心還不足夠，還要內外兼備。子女不能夠對父母和顏悅色，對父母來說就是一種不尊重。孝敬父母時誠心實意、和善恭敬的態度也是子女不可或缺的。做到這一點很難，但是也很重要。很多人覺得自己是真心為父母好，但是在言語態度上魯莽，不夠禮貌。父母步入老年，漸漸地認識到自己在一天天的衰老，心裡就會忐忑不安，很希望子女能夠照顧自己，但同時又變得十分地敏感。所以，子女應該有體貼之

【名家評析】

楊伯峻《論語譯注》評：孝子之有深愛者必有和氣，有和氣者必有愉色，有愉色者必有婉容。

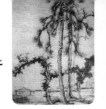

心，自己的無心話有可能傷害到父母的自尊心。

當今供養老人吃穿並不難，難在對老人的精神撫慰上。俗話說：「好言一句三冬暖」，子女對父母和顏悅色很重要，這可以讓父母的精神愉悅。精神狀態是關乎人生幸福的一個大問題。無論在怎樣艱苦的環境下，那些精神富足的人都能始終保持快樂的心情。子女和顏悅色地對待父母，自然能夠使父母心情舒暢、精神愉悅。精神享受帶來的快樂比物質上的享受更加持久，而且父母只有在心情好了以後，才會有心情吃喝玩樂。因此，始終保持和顏悅色的態度能夠給父母的心靈帶來的巨大安慰和舒暢。

第二十八章 愛之 能勿勞乎

【原文】

子曰：愛之，能勿勞①乎？忠②焉，能勿誨③乎？

【注釋】

① 勞：操勞。

② 忠：依從，聽取。

③ 誨：教誨。

【譯文】

孔子說：「疼愛他，能不叫他吃點苦嗎？忠於他，能不規勸教導他嗎？」

【延伸閱讀】

「愛之，能勿勞乎？」的意思是真要愛他，能不叫他吃點苦嗎？這是有關於教育的問題。生活中誰都可以成為教育者，就像父母教育孩子，老師教育學生，朋友之間的勸導。

父母真的愛自己的孩子，就不要溺愛他，嬌生慣養的孩子不成器。而是應該讓孩子接受挫折教育，讓他適當地吃

的，您該找個比我更適合這個職位的人才行啊！」

　　齊桓公說：「在我手下的大臣中，你已經是最出眾的人才了，還有誰能夠比你強呢？」鮑叔牙說：「我舉薦一個人保證能幫您成就一番霸業！」齊桓公急忙追問：「這個人是誰呢？」鮑叔牙說：「此人就是我的老友——管仲，我把他從魯國要回來，就是要他幫您的！」齊桓公聽了之後，勃然大怒，說道：「管仲曾經拿箭射過我，我怎麼可能重用那些想要殺死我的人呢？」鮑叔牙懇切地說：「管仲不顧一切地為公子糾賣命，用箭來射殺您，這不正好說明他對他的主子是一個非常講忠義的人嗎？各為其主是起碼的做人準則，他當時那樣做沒什麼不對的，現在要治國了，若論才華，他遠遠超過我鮑叔牙啊！您要成就霸業，非得到管仲的輔佐不成。您現在不計前嫌地重用他，他唯一的出路就是死心踏地的為您賣命啊！」最終，齊桓公聽取了鮑叔牙的建議，不計前嫌，拜了管仲為國相。

　　管仲很感激好友鮑叔牙，更對齊桓公的大度和睿智所折服，決心鞠躬盡瘁、竭盡全力報效齊桓公，也成就了齊桓公的霸業。

　　管仲臨終前，齊桓公問管仲，鮑叔牙可以不可以接替他的相位，管仲說不行，認為鮑叔牙善惡分明，不能包容壞的一面。如果把政權交給他，既害了齊桓公，又害了他自己。鮑叔牙知道這件事後，不但沒有因為管仲不推薦自己接替相位而不滿，反而高興，管仲最了解他。

　　司馬遷在《史記》中讚歎鮑叔牙推薦管仲為國相，情願把自身置於管仲之下。他是春秋時期十分有才德的大夫。管仲的才華雖然天下少有，但始終離不開鮑叔牙的理解和幫助。當你面對挫折，感到委屈、心情沮喪時，最需要的就是朋友的理解和支持，朋友的安慰能夠使你走出灰暗的心情，

【名家評析】

　　程樹德《論語集釋》評：重朋友之恩。無所歸，言無親暱。

甚至有可能幫你擋住危難。

那些能夠為你雪中送炭的朋友才是可以信賴和依靠的朋友。但如果你遭遇難處，原來圍繞在你身邊的朋友都如鳥獸散，那麼，這種朋友之間的友情當然是不牢固的。人是高等生物，有著豐富的感情，但也善於偽裝自己的想法。一些人總是喜歡把自己的心思藏得嚴嚴實實，不輕易流露出來。要想看清楚一個人的真面目，很多時候只有在危難的處境中才可以辨別。

在困難面前最先離開你的，就是那些喪失了對朋友忠誠的人。這樣的人是把友誼掛在嘴上，而不是心裡。能夠成為孔子的朋友是幸運的！像孔子這樣的人可以為朋友帶來穩定的信任，只要朋友發出求救的信號，他都會義不容辭。當然，你想得到真正的朋友也需要付出，真誠的對待身邊的人，你一定會從中發現可以成為自己朋友的人。

第三十章　後生可畏

【原文】

子曰：後生可畏[1]，焉知來者之不如今也？四十五十而無聞[2]焉，斯亦不足畏也已。

【注釋】

① 畏：敬畏。
② 聞：沒沒無聞。

【譯文】

孔子說：「年輕人是值得敬畏的，怎麼就知道後一代將來定不如前一代呢？如果到了四、五十歲時還沒沒無聞，那他就沒有什麼可以敬畏的了。」

【延伸閱讀】

後生可畏是指年少者因其來日方長，前途無量，所以可畏。那些成年人不能因為後生年輕就斷定他不如前一代。後來居上、出類拔萃者的例子屢見不鮮。「四十五十而無聞」的意思是：如果到了四、五十歲時還沒沒無聞，那他就沒有

論語全書

什麼可以敬畏的了。社會在不斷地向前發展，人類社會的發展規律就是後代一定會超過前人。孔子這種今勝於昔的觀點很正確，說明了孔子思想的進步性。

人們不可以輕視年輕人，不管他們現在多麼的稚嫩。俗話說：「青出於藍而勝於藍」，「長江後浪推前浪，一代更比一代強」。那些喜歡輕視年輕人的人，不僅會落得以老賣老的差評，還容易因輕敵招致失敗。

孔子在遊歷列國的時候，碰見三個小孩，有兩個正在玩耍，另一個小孩卻站在旁邊。孔子覺得奇怪，就問站著的小孩為什麼不和大家一起玩。

小孩很認真地回答：「激烈的打鬧能害人的性命，拉拉扯扯的玩耍也會傷人的身體；再退一步說，撕破了衣服，也沒有什麼好處。所以我不願和他們玩。這有什麼可奇怪的呢？」

過了一會兒，小孩用泥土堆成一座城堡，自己坐在裡面，好久不出來，也不給準備動身的孔子讓路。孔子忍不住又問：「你坐在裡面，為什麼不避讓車子？」小孩回答：「我只聽說車子要繞城走，沒有聽說過城堡還要避車子的！」

孔子非常驚訝，覺得這麼小的孩子，竟如此會說話，實在是了不起，於是讚歎地說：「你這麼小的年紀，懂得的事理真不少呀！」小孩卻回答說：「我聽人說，魚生下來，三天就會游泳，兔生下來，三天就能在地裡跑，馬生下來，三天就可跟著母馬行走，這些都是自然的事，有什麼大小可言呢？」

孔子不由感歎地說：「好啊，我現在才知道少年人實在了不起呀！」

「寧欺白鬚公，莫欺少年窮，終需有日龍穿鳳，不信

【名家評析】

朱熹《論語集注》評：孔子言後生年富力強，足以積學而有待，其勢可畏，安知其將來不如我之今日乎？然或不能自勉，至於老而無聞，則不足畏矣。言此以警人，使及時勉學也。曾子曰：「五十而不以善聞，則不聞矣」，蓋述此意。

126

一世褲穿窿。」這是一句俗語，意思是說人們寧可看不起沒錢的白頭老翁，也不要看不起貧窮的年輕人。年輕人如果努力，遲早有天會飛黃騰達的，自己不會一輩子穿著有破洞的褲子。

有一名人曾經說過：「世界是你們的，也是我們的，但是歸根結柢是你們的。你們青年人朝氣蓬勃，正在興旺時期，好像早晨八、九點鐘的太陽，希望寄託在你們身上。」年輕人的前途不可限量，他們的可塑性更強，年齡資本更大。年輕人能夠超越前人，一方面是因為可以直接借鑑前人的經驗，為自己開創事業打基礎；另一方面，年輕人做事更有活力，頭腦更加靈活，有更強的創作精神。作為年長者不能因為他們現在還不如自己就小看他們。

「後生可畏，焉知來者之不如今也？」展現了孔子對人的生存和發展的認識觀， 鞭策年輕人奮發有為，自強不息，不要虛度了青春年華，到中年時仍沒沒無聞，一無所成。我們在評價一個人的時候，應該用一種發展的眼光。如果你眼前有一個充滿夢想的年輕人，也許他的夢想有些幼稚，但是你要相信他真的有可能成為他所期望的那種人。

「四十五十而無聞焉，斯亦不足畏也已。」雖然這句話說得有些絕對，大器晚成也不是沒有。但是我們必須意識到一點，當人到了四、五十歲的時候，自己曾經擁有的優勢已經不復存在了，曾經的夢想最容易隨著青春的逝去而消失，人生的黃金歲月碌碌無為。從壽命上來講，人到中年生命還在延續，但是在很多方面已經拚不過年輕人了。所以，已經上了年紀的人就更沒有理由去輕視年輕人和他們的夢想。年長之人應該善待後生，教授他們知識，給他們鍛鍊的機會，幫助他們以趨成熟。

作為年輕人也應該清楚自己所用的資本，珍視自己的大

【名家評析】●●●

《論語集釋》林春溥[四書拾遺]王陽明評：無聞是不聞道，非無聲聞也。

好年華，千萬不要虛度，免得落得一個「人到中年萬事休」、「老大徒傷悲」的結果。人們應該在年輕的時候努力拚搏，在中年時進入事業的平穩期，讓自己的人生有一個美好的結局。

第三十一章　不在其位　不謀其政

【原文】

子曰：不在其位^①，不謀^②其政。

【注釋】

① 位：職位。
② 謀：謀劃，考慮。

【譯文】

孔子說：「不在那個職位上，就不考慮那職位上的事。」

【延伸閱讀】

孔子說：「不在其位，不謀其政」，涉及到儒家所謂的「名分」問題。不在其位而謀其政，則有僭越之嫌，就被人認為是「違禮」之舉。「不在其位，不謀其政」也就是要「安分守己」。

有一回，漢文帝問右丞相周勃：「天下一年有多少訴訟案件？」周勃答不出來。漢文帝又問：「天下一年收支多

【名家評析】

　　朱熹《論語集注》引程子評：不在其位，則不任其事也，若君大夫問而告者則有矣。

少？」周勃被漢武帝問得亂了方寸，嚇得冷汗直流。

漢文帝回過頭問左丞相陳平。陳平答說：「每件事都有主管官員。如果問司法案件，找廷尉；問錢糧，找治粟內史。」文帝不太高興，質問陳平：「如果各有官員負責，那麼你這丞相要管什麼呢？」陳平回答：「管大臣啊！」

陳平答得爽快：「身為宰相，不該樣樣瑣事都管，宰相的責任是輔佐皇帝，協調管理各部門官員，使他們發揮所長，盡其本分。」文帝很滿意陳平的說辭，而周勃相形見絀，自知不如，不久便退職，陳平成為唯一的丞相。

孔子說「謀政」的前提是要有位子。對於一個組織或者機構，你沒有一個位子，就沒有主持其職務的資格。不在其位謀其政，對於很多上司來說是一件忌諱事，對於下屬，不在其位不謀其政是一種約束，便於公司的管理。**有的時候「不在其位，不謀其政」是明智之舉，是保身之道！**

你能夠保證你遇到的是一位知人善用，有容人之量的上司嗎？不是每一個老闆都懂得你的良苦用心，如果他不領情，倒楣的一定是你自己。而且誰都有嫉妒和好勝之心，不希望自己被別人比下去。那些坐於高位之上的人更不願看見下屬比自己強。比如你是公司的普通員工，上級不徵求你的意見，就等於你沒有說話的權利。你要做的就是從普通員工的角度關心一下公司的狀況，不要隨便發言，否則上級會覺得你很不順服，對上級沒有敬畏之心。

不過，孔子的這句話對維護春秋末年的社會穩定，抑制百姓「犯上作亂」有著重要作用，對於現代社會我們卻需要多加思考理解，這句話也存在著消極的一面。首先，在其位，就一定謀其政嗎？在其位謀其政是對哪些有責任心的人，對於沒有責任心的人是不具有任何約束力的。在其位不謀其政者，雖是他的管轄範圍，但卻不盡心盡力，只享受著

這個職位給自己帶來的益處。不管是在古代，還是在今天，這樣的人不在少數。在我國的歷史上，曾經出現過不少昏君。秦二世昏庸無能，在其位卻不關心國家大事。陳勝、吳廣雖然是地位低微的平民，但卻可以推動社會的進步。不管是社會的進步，還是人類的發展，「犯上作亂」的人也不是一無是處。

其次，「位」容易限制住人們的思考和行為。人們只奉行「不在其位，不謀其政」的原則，做起事來就會消極；這樣的人在工作中，只做好分內的事情，雖然可以讓自己不觸及一些忌諱，但也讓自己失去了向上升的機會。你可以不去參與職位以外的事情，但是不可以停止思考。只有有準備的人才能夠抓住機遇。事不關己，漠不關心是一種被動的態度。

最後，「位」不是固定不變的，尤其是在今天這個競爭激烈的社會，自然是能者擁之，平者讓之，庸者下之。兩千多年前的陳勝、吳廣起義時，就說過：「王侯將相寧有種乎。」拿破崙也曾經說過：「不想當將軍的士兵不是好士兵。」不管自己處於何種境況，都不能失去自強不息的精神，要把命運握在自己的手裡。比如在很多經濟非常發達的城市，常湧入大量的外來人群，他們懷抱著夢想來到大城市，為自己將來打拚。在一個競爭激烈的環境下，在位者要想保住自己的位置，不在位者要想謀得更高的位置，都需要

【名家評析】

錢穆《論語新解》評：不在其位，不謀其位之政。然謀政，僅求所以明道之一端。貧賤富貴，隱顯出處，際遇有異，其當明道善道則一。不謀其政，豈無意於善道之謂？

付出努力，不斷提高自己的素質，不斷豐富自己的知識，不斷超越自我，充分激發自己潛力。

　　不越權，不越位，做好自己分內的事，但是，對於那些只做好自己分內事顯然不能發揮自己能力的人來說，是不是應該擁有更多更寬闊的發展舞台呢？不在其位，不謀其政，能夠保證人盡其用的目的嗎？每個人都應該清楚自己的位置，不了解自己職位以外的情況，就如同隔行如隔山，就算給你說話的機會也很難以發揮自我，反而顯露不足。所以，你還不如歸其位，安守本分為好。而那些真的有本事的人，也不要急於表現自己，就算你真的很有能力，也會讓人覺得急功近利，好大喜功等等。聰明的做法是能夠為自己挑選時機，而不是讓自己變成一個冒失鬼。總之，人們應該靈活地運用孔子的這句訓誡。

第三十二章　益者三友　損者三友

【原文】

孔子曰：益者三友，損者三友。友直、友諒①、友多聞，益矣。友便辟②，友善柔③，友便佞④，損矣。

【注釋】

① 諒：誠信。
② 便辟：慣於走邪道。
③ 善柔：善於和顏悅色騙人。
④ 便佞（ㄋㄧㄥˋ）：慣於花言巧語。

【譯文】

孔子說：「有益的交友有三種，有害的交友有三種。與正直的人交友，與誠信的人交友，與見聞廣博的人交友，這是有益的。與慣於走邪道的人交朋友，與善於阿諛奉承的人交朋友，與慣於花言巧語的人交朋友，這是有害的。」

【延伸閱讀】

「益者三友，損者三友。」即是交友之道，也是為人之

道。人們常會覺得交朋友不是一件容易的事情，所以覺得友情越來越重要。在這章中孔子就告訴了我們應該結交什麼樣的人為朋友。孔子指出了六種人。與直、諒、多聞之人交往對自己有益；而與便辟、善柔、便佞之人交往對自己無益。

所謂「益者三友」，即友直、友諒、友多聞。

第一：友直。直，指的是正直。這種人真誠、坦蕩、剛正不阿，有一種朗朗人格，沒有一絲諂媚之色。和這樣的人做朋友，他的人格可以影響到你的人格。與誠實人做朋友，你也會變得真誠；他正直的品格幫助你做正確的事情，甚至是在你膽怯的時候給你勇氣，在你猶豫不前的時候讓你變得果敢。

第二：友諒。在《說文解字》中「諒，信也」就是誠實的意思。這種人為人誠懇，你與他在一起不會覺得虛偽、做作。能夠有這樣的朋友，你會覺得妥帖、安心，你們之間情感交流沒有一絲的雜質，就像山澗中的泉水一樣清澈、甘甜。

第三：友多聞。與見聞廣博的人做朋友，可以學到更多的知識，提升自己修養。在孔子所處的時代必然是資訊傳播速度慢，不像現代社會有各種各樣專門蒐集資訊的媒介。古時候獲取知識、開拓視野的最好辦法就是與廣見博聞的人成為朋友。一個人在氣質、志趣、意圖、行動各方面都可能偏差犯錯而不自知，這時需要有人以平等互動的立場與你切磋琢磨。在你徬徨的時候，最需要一個思路開闊、頭腦敏捷的人幫你做出決定。當你遇到一個不懂的問題時，也需要一個百科全書似的朋友，把他的經驗和知識傳授給你，使你進步得更快。

魏徵是唐代著名的賢臣，是一個秉性耿直的人。他輔佐唐太宗達十七年，先後提了兩百多條意見，言辭切峻，舉發

【名家評析】

朱熹《論語集釋》評：便辟，謂習於威儀而不直；善柔，謂工於媚說而不諒，便佞，謂習於口語而無聞見之實。

第三十三章　不逆詐　不億不信

【原文】

子曰：不逆①詐，不億②不信，抑③亦先覺者，是賢乎！

【注釋】

① 逆：迎。預先猜測。

② 億：同「臆」，猜測的意思。

③ 抑：連詞。表轉折關係。可譯為「然而」或「不過」等。

【名家評析】

　　錢穆評：不在事前逆測人詐我，不在事前搞想人對我有不信，但臨事遇人有詐與不信，亦能先覺到，這不是賢人嗎？

【譯文】

孔子說：「不預先懷疑別人欺詐，也不猜測別人不誠實，然而能事先覺察別人的欺詐和不誠實，這就是賢人了。」

【延伸閱讀】

在這一章中孔子提出了賢人的修為：不要毫無根據地事先認定別人有欺詐意圖，也不可憑空猜測別人不講誠信，依仗人生社會的經驗而得的智慧和能力，可以讓你事先察覺與防範欺騙與不誠信的行為，使小人無所逞其奸惡。

【名家評析】

朱熹《論語集注》評：逆。未至而迎之也。億，未見而意之也。詐，謂人欺己。不信，謂人疑己。……楊氏曰：君子於誠而已，然未有誠而不明者。故雖不逆詐，不億不信，而常先覺也。

「不疑詐」、「不被詐」是一種處世的智慧，要求人們既要有心胸磊落、坦蕩善良的襟懷，又有防騙防詐、能先知先覺的賢明。明代洪應明在《菜根譚》中將「疑詐」和「被詐」分別作了更通俗地說明：「害人之心不可有，防人之心不可無。」「寧受人之欺，毋逆人之詐。」對誰都輕信，都坦誠，不存防人之心，這樣的人雖然善良、渾厚，但卻容易為別有居心的人所害，這就沒有處世的智慧。

元代曲家劉時中的《端正好·上高監司》曲：「不是我論黃數黑，怎禁他惡紫奪朱？爭奈何人心不古，出落著馬牛襟據。」成語「人心不古」就是出自此處。人們常用「人心不古」來形容今人的心靈不如古人淳厚，在生活中你一定見過一些人因為善良而受騙的故事。

故事一：公車到站開門後，某男突然堵住車門說自己手機不見了，不讓眾人下車，人群一時譁然。這時旁邊有人說打那個男人的手機，看在誰身上響誰就是賊。某男向旁邊的人借手機，此人深表同情地借給了他，突然靠近門口的一個人拔腿擠下車就跑，某男顧不得還手機就叫囂著追了過去，轉眼都不見了。這次真的有人不見了手機……

故事二：退休老人李先生，年近古稀，退休金雖然不多，由於夫妻倆精打細算，生活上還算過得去，倒也過著平淡的生活。一天，原公司同事小張，登門來訪，李先生感到突然。沒等李先生開口，小張便主動說起自己近況。他說：「前幾年離開了公司，自己開了個小飯館，生意倒也不錯，收入不菲。」吹得天花亂墜，李先生問小張：「不知今日來到寒舍，有何貴幹？」此時，小張便開口，說他母親得了癌症，今日來醫院做治療，錢沒有帶足。家住得離醫院比較遠，來回一趟不容易，故來拜訪暫借三萬塊錢，先給母親看病，明後天一定歸還。李先生本來就是個熱心腸的人，又看

他說得異常懇切，便把自己這個月的生活費給了小張。小張接過錢後，連聲道謝，並留下家中電話號碼，便急忙而去。自小張借錢後，李先生日復一日的等待他來還錢，但始終不見人影。李先生撥打小張留下的電話，發現是個空號，又向原公司的同事了解，才知道是上當受騙。李先生的生活費，就這樣輕而易舉地被小張騙走。

在今天這個社會上總是有一群人心懷鬼胎，不懷好意，他們的欺騙對象永遠選定那些心地善良、老實忠厚、樂於助人、同情弱者的人。害人之心不可有，防人之心不可無。人生處世雖要有真誠厚道的德行，但也應該學會保護自己，不能缺乏防範與應變的成熟智慧與能力。尤其隨著今天經濟的發展，人們更多地關注物質上的享受，而道德和精神的追求卻有所退步。很多人為了滿足的自己私欲，甚至做出傷害別人的事情。誰會把真誠與狡詐寫在臉上呢？狡詐、詭計也往往以真誠的形式展現在善良的人們面前。

「抑亦先覺者，是賢乎！」多疑的人往往防意如城，使人覺得冷淡而不近人情。太多疑是不健康的心態，不輕易去猜測揣度別人的欺詐和不誠實是胸襟寬廣的德行，但同時我們也需要具備及時覺察他人欺詐與不誠信的意圖，防止自己上當受騙，當然，這種智慧需要從社會生活閱歷中慢慢去獲得。

你可以心地善良，但不可以過分天真，在這個世界上存在著善與惡，美與醜，要知道人類社會自古及今直到永遠都是君子與小人雜居的世界。而那些熱誠、天真、率直的人，容易把世界想像得太好，缺乏心計和防範意識，所以最容易遭受欺騙與傷害。如果只是老實敦厚而不夠耳聰目明，一定會為小人所欺詐，所以應時時警惕。孔子在這章提出了更高的修養要求，既要有誠信樸實真摯的德行，又要有成熟的社會經驗，方可以稱為「賢德」，在複雜的社會中立於不敗之地。

【名家評析】

楊伯峻評：不預先懷疑別人的欺詐，也不無根據地猜測別人的不老實，卻能及早發覺，這樣的人是一位賢能者！

第三十四章　里仁為美

【原文】

子曰：里仁為美①，擇不處②仁，焉得知③？

【注釋】

① 里仁為美：里，住處，借作動詞用。住在有仁者的地方才好。
② 處：居住。
③ 知：同「智」。

【譯文】

孔子說：「跟有仁德的人住在一起，才是好的。如果你選擇的住處不是跟有仁德的人在一起，怎麼能說你是明智的呢？」

【延伸閱讀】

孔子強調自身的修養，同時還重視環境對人道德修養的影響。孔子認為人的道德修養必然與所處的外界環境有關，明智的人重視居住的環境，重視對朋友的選擇。古語云：近

【名家評析】

《論語皇疏考證》評：中人易染，遇善則善，遇惡則惡。若求居而不擇仁里而處之，則是無智之人。故云焉得智也。沈居士曰，言所居之里，尚以仁地為美，況擇身所處，而不處仁道，安得智乎。

朱者赤、近墨者黑。人們選擇與有仁德的人住在一起，耳濡目染，學習他們仁德的品格；反之，會影響自己養成仁的情操。

　　孔子和弟子周遊列國時，有一天來到了黃河岸邊，等待渡船。傍晚時分，就見成群結隊的流民從對岸駛來的船上蜂擁而下，孔子心裡一驚：晉國出事了！

　　子貢攔住難民一問，原來是晉國的執政大臣趙簡子在中牟（今河南湯陰縣）發動叛亂，殺死了竇鳴犢和舜華兩位賢人。趙簡子的叛軍和平叛的軍隊，四處開戰，使晉國陷入一片混亂，百姓們紛紛逃離家園。孔子本人一向主張「危邦不居，亂邦不入」，此時面對黃河，長歎道：「好壯麗的黃河啊！可惜我不能渡過了。」

　　第二天，孔子正準備原路返回，趙簡子的使臣卻趕來拜見孔子，請求孔子前往中牟，和趙簡子一起治理晉國的朝政。孔子一直都是從政心切，希望有機會施展自己的政治抱負，但苦於無門。這次有了這樣一個機會，孔子不免有些動心，就想渡過黃河，到晉國發揮自己的才能。

　　站在身旁的子路出來說：「老師，你曾說過，絕不與亂臣賊子合作共事呀！」

　　孔子沉思良久，說：「是的，我是說過這樣的話。可是，我還說過，堅硬的東西，再磨也磨不薄，真正潔白的東西，再染也染不黑。」

　　子路仍不死心，勸道：「滴水穿石，近朱者赤，近墨者黑，這只是個時間問題。我想，老師總不能糊塗到以身取不義的地步吧！」

　　孔子聽了子路的話冷靜地想了想，子路的勸告不是沒有道理。於是，孔子打消了去晉國的念頭，讓子路立即套馬到陳國去。

　　晉代文學家和哲學家傅玄在他的《太子少傅箴》中說：「近朱者赤，近墨者黑；聲和則響清，形正則影直。」簡單的說，這句話的意思就是：一個人生活在好的環境裡，能受到好的影響；而生活在壞的環境裡，就受到壞的影響。應和品德高尚的人在一起，才能產生正向的積極的結果。

　　孟子小的時候，家住在一片墳地旁邊，孟子就和小朋友們玩一些哭喪、埋葬之類的遊戲。母親認為這種環境不利於孟子的成長，就舉家搬遷到一個集鎮上住下，結果孟子又玩些做買賣的遊戲。孟子的母親還是不滿意，又遷居到了一所學校旁邊，孟子才受到了良好的影響，逐漸變成勤奮學習、彬彬有禮的人。

　　孟母三遷的故事是婦孺皆知。它正好以生動形象的方式表達了孔子「里仁為美」的思想。環境可以影響一個人性格品德的形成。荀子在《勸學》中說道：「品格高尚的人居住一定要選擇地方，交遊一定要選擇朋友，這是為了遠離歪風邪氣而接近仁義道德。」這句話也展現了「里仁為美」的意思，強調環境對人的影響。

　　有仁者居住的地方才算是好的地方，常和品行高尚的人在一起，會使你心靈得到淨化，而和品行低劣的人在一起，你不僅得不到好的影響，別人還會懷疑你交友的標準和品味。一個好的蘋果放在一筐壞蘋果裡，只會加速好蘋果的腐爛速度。做人也是一樣的道理，所以說人們必須謹慎的選擇自己處身的環境。

　　一個人來到這個世界上，很多事情都是不可以選擇的，比如，家庭背景。但人卻可以選擇對自己更有益的環境。每個人都必然處於某種環境下，不可以與周圍環境分離，因此人應該對環境有所選擇，要適應良好環境，盡量遠離不良之地。

　　里仁為美，居住的地方要有仁德，才算美好。那些謹慎選擇自己居住地方的人，是有進取心的人，明白自己需要向哪些人學習，知道誰能夠激發自己有益的思考。這樣，你才會變得更好。

第三十五章　巧言令色　鮮矣仁

【原文】

子曰：巧①言令色②，鮮③矣仁。

【注釋】

① 巧言：花言巧語。巧：好義。

② 令色：討好的表情。令，善義。

③ 鮮，少，難得。

【譯文】

孔子說：「花言巧語，一副討好人的臉色，這樣的人是很少有仁德的。」

【延伸閱讀】

「巧」字多指高妙、聰慧、靈巧、美好之意；「令」字是指好的、善的。巧言令色是指花言巧語，滿臉討好的態度。生活中常有人話說得很動聽，臉色裝得很和善，可是做人卻不夠誠懇。

弟子請教老師：「對表面好聽的虛偽話和諂媚討好的神

【名家評析】

錢穆評：先生說：「滿口說著討人喜歡的話，滿臉裝著討人喜歡的面色，（那樣的人）仁心就很少了。」

【名家評析】

朱熹《論語集注》
評：好其言，善其色，
致飾於外，務以說人。

色，應怎樣看待？」

「巧言令色，鮮矣仁！」孔子進而解釋，「花言巧語，假裝謙恭，這種人不會有多少仁！」

「巧言」一詞在《論語》中還另外出現過兩次，比如：〈公冶長〉中，「子曰：巧言、令色、足恭。左丘明恥之，丘亦恥之」。〈衛靈公〉中，「子曰：巧言亂德。小不忍，則亂大謀」。在孔子看來，花言巧言，面孔偽善，足以敗壞道德！

齊桓公是春秋時代齊國第十五位國君，姜姓，名小白。春秋五霸之首。齊桓公是歷史上第一個當盟主的諸侯，成為中原霸主，受到周天子賞賜。但是齊桓公晚年昏庸，落得「身死不葬，蟲流出戶」的下場。

管仲輔佐齊桓公成就了霸業，在臨終的時候叮囑他不要再接近易牙、豎刁、開方這三個佞臣。管仲說：「易牙捨得殺子烹而進獻（為了孝敬桓公）；豎刁狠心把自己閹了（為了進入後宮）；開方不但捨棄了千乘太子之位，就連自己的父母死了也不去奔喪（為了討好桓公）。這都是違反人之常情的事情。他們三個人肯定有更大的欲望。如果您再接近他們，必然會亂國。」但是，齊桓公沒有聽從管仲的話，接近了這三個人，果然正如管仲所言。有記載說：西元前643年，齊大夫作亂，囚國君桓公於一室，餓死，橫屍在床，蛆出於戶。可憐一代霸主老邁無助，最後落得個如此悲慘的下場。

在歷史上，在現實中，這種巧言令色，脅肩諂笑的人卻並不因為聖人的鄙棄而減少。他們雖無仁德，難成正果，但卻投機鑽營，擾亂邦國，終使百姓妻離子散，家破人亡，國危天下亂。《前出師表》：「親賢臣，遠小人，此先漢所以興隆也；親小人，遠賢臣，此後漢所以傾頹也。先帝在時，

每與臣論此事，未嘗不歎息痛恨於桓、靈也。……」諸葛亮在文中以史為鑑，註解了齊桓公的興亡。

散文《魔鬼夜訪錢鍾書先生》中就描寫了一個巧言令色的魔鬼：

魔鬼自我誇耀說：「因為你是個喜歡看文學書的人，所以我對你談話時就講點文學名著，顯得我也有同好，也是內行。反過來說，假使你是個反對看書的多產作家，我當然要改變談風，對你說我也覺得書是不必看的，只除了你自己著的書──並且，看你的書還嫌人生太短，哪有工夫看甚麼典籍。我會對科學家談發明，對歷史家談考古，對政治家談國際情勢，展覽會上講藝術賞鑑，酒席上講烹調。不但這樣，有時我偏要對科學家講政治，對考古家論文藝，因為反正他們不懂甚麼，樂得讓他們拾點牙慧；對牛彈的琴根本就不用挑選甚麼好曲子！烹調呢，我往往在茶會上談；亦許女主人聽我講得有味，過幾天約我吃她自己做的菜，也未可知。這樣混了幾萬年，在人間世也稍微有點名氣。但丁贊我善於思辨，歌德說我見多識廣。」

巧言令色是假，孔子深惡痛絕。世人往往鄙棄「巧言令色」之徒，崇信「知者不言，言者不知。」孔子很看重「仁德」，反對花言巧語，工於辭令，說話不謹慎小心，不負責任，隨心所欲，或者是為了實現某種目的。儒家強調做人要言行一致，力戒空談浮言，心口不一，提倡踏實態度和質樸精神。

生活中，人們常常會將一個人的好口才與「巧言令色」混為一談。其實二者是有區別的，「巧言令色」不夠真誠，而好口才則可以不缺少仁德。子路雖是孔子的得意門生，但卻是挨罵最多的學生。子路為人正直，但為人太過心直口快，常常惹得孔子生氣。那些一開口就得罪人的人，恐怕無論是古代還是在今天，都會讓人覺得不舒服。

好口才可以為自己贏得別人的喜愛，既不木訥呆板，也不是誇張的眉飛色舞。不過，生活中很多人自詡好口才，實則「巧言令色」。不僅沒有因為「好口才」而得到益處，反而讓人覺得不夠厚道。

巧言令色之人能夠揣摩對方的心理，知道投其所好達到自己的目

的，也正因如此很多人都會上他們的當。所以，生活中我們要時時警惕那些花言巧語、滿臉堆著笑容的小人。正所謂「無事獻殷勤，非奸即詐。」對於「巧言令色」的行為，要學會置之不理，讓自己始終保持一個清醒的狀態。

第三十六章　忠告而善道

【原文】

子貢問友。子曰：「忠告而善道之①，不可則止，毋②自辱也。」

【注釋】

① 善道之：善為勸導朋友。

② 毋：禁止，相當於莫、勿、不要。

【譯文】

子貢問如何對待朋友？孔子說，「忠心勸告和善意引導他，如果不聽從，也就算了。不要自找侮辱。」

【延伸閱讀】

怎樣才算是真正的好朋友，好朋友是在我們的身邊，永遠讓我們以清明理性遠離危險的人，同時又是用一種快樂之心鼓勵我們坦蕩去面對生活的人。這章中「忠告而善道之」意思是說：當朋友有了錯誤，出於對朋友的忠誠，你一定要告訴對方，善為勸導。「不可則止」的意思是：如果朋友不

【名家評析】

錢穆評：本章必是子貢之問有專指，而記者略之，否則孔子當不專以此為說。

蕅益大師評：「自辱」則反帶累朋友，所以不可。若知四悉隨機，方可自利利他。

147

【名家評析】

朱熹《論語集注》評：友所以輔仁，故盡其心而告之，善其說以道之。然以義合者也，故不可則止，若以數而見疏，則自辱矣。

接受你的意見，你也就不必再說了。「毋自辱焉」的意思是：如果朋友不想聽，你還說個沒完，一定會自取其辱。

孔子的這句話揭示了為人處世的原則。朋友之間相處，平等獨立，不要把自己的觀點強加於對方。即使是忠言也要適可而止，只要對方不接受，就應該放棄，否則便自討沒趣，傷了和氣。孔子的勸告至今仍是箴言，顯現了個體人際關係的具體的情理限度。如果過此限度，人際關係難以維繫。對其他主體的承認和尊重是交友的一個基本準則。

朋友在一起應該是輕鬆愉快的，但如果總是因為一些觀點發生爭執，就會使朋友間的關係疏離。朋友之間需要誠實、忠誠，當你看到朋友的錯誤時，要坦誠布公地勸導他，推心置腹地講明利害關係，但他不能夠接受，你就應該作罷。你把該說的話都說了，你已經盡到了做朋友的義務了。不聽你的勸告是他的損失，你又何必再自取其辱呢？

不想朋友變冤家，就需要學會適可而止。孔子的話看似不夠厚道，對朋友不夠真誠，實則展現了中國文化中的友道精神。「規過勸善」是朋友的真正價值所在，有錯誤相互糾正，彼此向好的方向勉勵，這就是真朋友，但規過勸善，也有一定的限度。

曾國藩下面一位幕友王湘綺是湖南的才子，也是近代以來有名的大儒。他著有《湘軍志》，對曾國藩有褒貶之處。曾國藩所領的湘軍，在前方和洪秀全作戰，開始露敗象的時候，王湘綺就要請假回家。曾國藩知道他讀書人膽小，如果打敗仗被敵人攻來就不得了。所以曾國藩也同意讓他回去，不過事情很忙，沒有立即批這件公文。

有一天晚上，曾國藩因為有事去找王湘綺。看見他正坐在房裡專心看書，曾國藩就站在後面不打擾他。差不多半個時辰，王湘綺還不知道，曾國藩又悄悄地退回去了。第二

天早上，曾國藩就送了很多錢，誠懇地安慰一番，讓王湘綺立刻回家。有人問曾國藩：「為什麼突然決定讓王湘綺回去？」曾國藩說：「王先生去志已堅，無法挽留了，朋友之道，不能勉強。尤其打仗的時候，勝敗自己都沒有把握，如何能保住別人？」再問曾國藩何以知道王湘綺去志已堅？曾國藩說：「那天晚上去王湘綺那裡，他正在看書，並不知道我就站在他身後。而且有半個時辰，王湘綺沒有翻過書。可見他不在看書，在想心思，也就是想回去，所以還是讓他回去的好。」

孔子認為與朋友相處要適可而止、恰如其分，把握好分寸，這是對朋友的尊重和理解。當你想要勸導朋友時，還應該注意方式方法。如果你的勸導方式不夠好，你的朋友也可能不接受你的意見。

如果你想去忠告朋友，自己應該先想一下為什麼要出頭露面？正言而談的真正目的又是什麼？自己的觀點一定正確嗎？是不是心底坦蕩站在一個公正的立場上？如果你的忠告太理直氣壯，不得分寸，朋友會覺得下不了台，很有可能認識到自己錯誤也不肯承認，意氣用事。難道勸導別人一定要當頭棒喝，一針見血，聲色俱厲嗎？娓娓道來才是一種很好的溝通方式。如果遇到話不投機的時候，就停下來先讓大家冷靜一下。在勸導朋友的時候，要有理有節，要會看臉色，選擇一個恰當的時機、恰當的氛圍。朋友之間需要尊重，心平氣和地說出你的忠告，幫他分析事情的利害關係。不能因為急於改變朋友的錯誤，就揪住朋友的錯誤不放，真正的朋友是不做過分的事情，也不會用過分的態度相處。

「忠告而善道之，不可則止，毋自辱也。」這是一種淡定的境界，叫適可而止。朋友之間相處要懂得該進則進，該退則退，只要你的心是真誠的，忠告朋友的目的達到了，暫

【名家評析】

王簡評：可與孟子所說「人之患在好為人師」相發明。

時的退讓有何不可！何必急在一時，針鋒相對呢！

第三十七章　不患人之不己知

【原文】

子曰：不患①人之不己知②，患其不能也。

【注釋】

① 患：憂患。

② 不己知：不了解我們。知，含有器重的意思。

【譯文】

孔子說：「不憂慮別人不知道自己，只擔心自己沒有本事。」

【延伸閱讀】

這章孔子告訴他的學生，不要因為別人不了解自己而憂慮，應該努力充實自己的才能。孔子認為做人應當以充實自己為目標，不要為別人不了解自己而憂慮，因為別人能否了解自己不是最重要的，不僅不會影響到自己的道德修養與學識才能，甚至可以使自己變得更加警惕、更加努力去充實自身修養。另外，你憑什麼要求別人來了解自己呢？首先還是

要先提高自己修養，同時還要多多嘗試去了解別人，以做為擇師交友的參考或是選擇部屬及提拔後進的依據。

自古懷才不遇的事情不在少數，如果你覺得自己很有才華，但卻沒有被人發現，也不要抱怨別人。懷才不遇是你成功路上的絆腳石，只要有好的心態、堅忍不拔的意志、鍥而不舍的精神，就一定能夠清除阻礙自己前進的障礙。

戰國時期，楚國有一個石匠叫卞和。有一天，他在荊山採石，意外的發現了一塊石頭。雖然外表看上去很普通，但是他堅信在石頭裡面一定有好玉。他把玉獻給楚國當時的國王楚厲王。楚厲王派人去檢查玉，但是派去的人回來說，那只是一塊普通的石頭，裡面根本不可能有玉。厲王覺得自己被欺騙了，大怒。命人砍去了卞和的左腳。厲王死後，他的兒子武王繼位。卞和又去獻玉。可是大家仍然堅持認為那是一塊普通的石頭。於是，卞和又因為欺君之罪被砍去了右腳。

武王去世後，他的兒子文王登基。卞和想再次去呈獻寶玉。但是因為他失去了雙腳，無法行走，於是他只能懷抱玉石坐在路邊大哭。文王聽說了這件事，派人去把卞和接來。文王命人把那塊石頭剖開，裡面果然是一塊寶玉。而這塊玉就是我們所熟知的和氏璧。

人人希望被人肯定，希望得到別人賞識，這是人之常情。如果一個人一生都得不到別人的肯定，不免有些遺憾。和氏璧幾次獻上去得不到承認，可它一旦被琢磨出來，它那連城的價值卻是誰也掩蓋不了的。你希望別人了解自己的德與才，但是總會有被人誤解或不了解的時候。在這個世界上，有才有德的人不一定能擁有自己應得的地位，很多時候還要看機遇。如果你因為別人看不到自己的才華而自暴自棄，那必將一事無成。如果你堅信自己是有才之人，就不要在意暫時的失敗，而是應該繼續努力，不放鬆對自己的要求。像齊白石、徐悲鴻這樣的名人，哪一個不是從小就刻苦學習，之後才能成就大事，流芳百世的。只有在你的學識能力達到一定程度後，你才能擁有成功的機會。畢竟，機遇都是留給有準備的人的。一邊等待機會，一邊繼續

培養自己的才識修養，一旦機會出現，就能脫穎而出。

　　子路、曾晳、冉有、公西華侍坐。孔子說：「我平時常常聽你們說：『沒有人了解我啊！』如果有一天真的有人了解你們了，你們又將會有什麼特別的表現呢？」

　　從內容上來看，這次對話應該是幾位弟子尚未出仕，仍在孔子身邊學習的階段。孔子的話就是提醒幾位學生：不要抱怨別人不是伯樂，應該想想自己是不是千里馬。人們往往哀歎自己的知己太少，埋怨別人不了解自己，但為此而憂愁怨恨又有什麼用呢？很多人稍稍有了一點成就，就會開始抱怨自己懷才不遇，卻從來不做自我檢討。

　　美國作家威爾・鮑溫在他的《不抱怨的世界》一書中告訴我們：「天下只有三種事：我的事、他的事、老天的事。」抱怨自己的人，應該試著學習接納自己；抱怨他人的人，應該試著把抱怨轉成請求；抱怨老天的人，請試著用祈禱的方式來訴求你的願望。這樣一來，你的生活會有想像不到的大轉變，你的人生也會更加地美好、圓滿。很多人的抱怨其實只是一些瑣碎的、毫無意義的嘮叨、藉口，這不會對事情發展有任何作用。

　　人們首先應該把立足點放在自己的身上，真正應該在意和追求的是自己憑什麼被別人知道。你總是指責別人不惜才，但你真的確定自己就是有才有德的人嗎？不要把自己懷才不遇的原因歸結到別人身上，否則你會使自己迷失方向。人們應該致力於自身的改變，而不憂心於外在條件的改變。外在世界的改變不是你能夠改變的，你可以控制的就是對自己的把握。現在社會上很多人靠著關係謀得一個職位，但如果無才無德，雖然能夠獲得一時的物質享受、權利和地位，你的平庸和愚昧還是會盡露無疑。這樣的人不僅會難以得到下屬的認同，也很難得到老闆的賞識，總有一天會被淘汰。

【名家評析】

　　錢穆評：君子求其在我，故不患人之不己知。非孔子，則不知堯舜之當祖述。非孟子，則不知孔子之聖，為生民以來所未有。此知人之所以可貴，而我之不知人所以為可患。

　　「不怨天，不尤人」，努力充實和完善自己，走自己的路。別人能不能夠了解自己是你無法預測的，何必要浪費時間呢？是金子總是會發光的。一部分人不了解你又有什麼關係，要明白就算別人沒有發現你的才華，對你的道德修養和學識沒有一點影響，你還是你，你並沒有什麼損失。如果你是一個心胸開闊、樂觀積極的人，甚至可以把別人對自己的輕視當做前進的動力。不管外在環境怎麼樣，人都應該有志向、有鬥志，讓挫折催你修德，磨難推你前進。

　　孔子的這句話告訴了今天的我們：你不必擔心沒有位置適合自己，也無需顧慮別人走在前面搶了好位置，你需要斟酌的是自己的核心競爭力是什麼，自己的不可替代性表現在哪裡。這樣，你獲得成功的機率就會大一些！

第三十八章　好之者不如樂之者

【原文】

子曰：知①之者不如好②之者，好之者不如樂③之者。

【注釋】

① 知：知道。

② 好：喜好。

③ 樂：以⋯⋯為樂。

【譯文】

孔子說：「知道它的人不如喜好它的人，喜好它的人不如以它為樂的人。」

【延伸閱讀】

孔子不愧是一個教育家，講了不少學習的方法。例如「學而時習之」、「溫故而知新」、「學而不思則罔，思而不學則殆」、「默而識之」。講學習態度的也有很多，如「敏而好學」、「不恥下問」、「學而不厭」、「三人行，必有我師；擇其善者而從之，其不善者而改之」、「知之為

【名家評析】

羅曼・羅蘭評：「一個人對某項東西產生了濃厚的興趣，便會迸發出驚人的熱情，而熱情是一種魔力，它會創造奇蹟。」

知之，不知為不知」。幾千年來，這些思想一直為人們的進德立業的明燈。

對於古人來說，人生最大的成功莫過於透過讀書博取功名，走仕途之路。所以，讀書的重要性也就不言而喻了。那麼怎樣才能有好的學習效果呢？孔子認為，最重要的一點就是對學習要有興趣。不同的人在同樣的學習環境下，其效果顯著不一樣，自身的素質固然是一個重要因素，而更重要的還是學習者對學習的態度。正所謂「興趣是最好的老師」，當你對一門學問產生了興趣之後，自然會學得比別人好。

孔子說的「知之者不如好之者，好之者不如樂之者」，主要講學習的三個層次，以知之者突出好之者，再緊承好之者突出樂之者。這就如同數學中的邏輯推導，層層推進，使說理更加透澈、清晰，而令人信服。

孔子說的，是在進學、修身、入仕等方面，存在的三種不同的境界，一層更比一層高：第一層是知道。這一境界偏重於理性，對象外在於己，你是你，我是我，往往失之交臂，不能把握自如；第二層是喜好。這一境界觸及情感，發生興趣。就像一位熟識的友人，又如他鄉遇故知，油然而生親切之感，但依然是外在於我，「相交雖融融，物我兩相知」；第三層是樂在其中。「樂在其中」也就是我們通常所說的陶醉，一種自娛自樂式的自我陶醉。從而使你的心與你的愛好達到物我兩忘、合二而一的境界。這是一種人生最理想的生存狀態，有了這種狀態，身心都會感到很快慰，很自由。如果以這種狀態投入工作、學習，那麼工作和學習就是樂趣的泉源，效率也會大為提高。如果以這種狀態創業，成功的機會就大得多。

孔子的這個觀點恰恰揭示了一個人生真諦，那就是：**做自己能夠樂在其中的事情最容易成功**。正由於孔子對自己最喜

【名家評析】

愛迪生評：「能夠樂在其中而奮鬥不止的人更易於成功。」

歡的治學和興學的事業樂在其中，才成就了一位中國歷史上最偉大的教育家和思想家。

明代著名的醫學家李時珍也是這樣的一個人。

李時珍出生在一個很普通的農家，算不上是天才，但他自幼很喜歡醫學、讀書與觀察大自然的景物，欣賞天地之間的萬事萬物，正是這種天然的興趣成就了他的人生。他曾多次參加科舉考試，但仕途與他無緣。在他二十二歲那年，再一次名落孫山。李時珍毅然放棄了仕途之路，專心學醫，並向父親表明心志：「身如逆流船，心比鐵石堅。望父全兒志，至死不怕難。」父親看到兒子在醫學方面的志向堅定而遠大，便同意了他的要求，並精心地教他。沒有過幾年，李時珍果然學有所成，在當地成了一名很有名望的醫生。後來，他又花費大量時間、精力和金錢，編寫完成了醫學鉅著──《本草綱目》，成為中國歷史上著名的醫學家。

從李時珍的事例可以看出，成功的前提是對你所從事的事業要有興趣，也就是說，你對你的事業要做到「樂在其中」。只有這樣，你才會比平常人擁有更多成功的機會。如果你只是隨便選了一個行業、一個工作，而且你對這個行業沒有一點興趣，找的這份工作也只是為了解決你的吃飯問題，那麼，無論你如何努力，也未必能有所成就。

找工作就是要能「樂在其中」，全身心投入的工作，然後堅持下去把它做好，做不到這樣，注定會一無所獲。

孔子說：「知之者不如好之者，好之者不如樂之者。」如果你對某個領域充滿激情，你就有可能在該領域中發揮自己所有的潛力，甚至為它而廢寢忘食。這時候，你已經是為了「樂在其中」而學習了。

有位名人曾說：「**一個人只有具有宗教般的信仰和初戀般的激情，才能成就某項事業**」。是的，這樣的人即使不能

【名家評析】

愛因斯坦評：「興趣是最好的老師。」

取得成功，也仍然享受了過程。在他心目中幾乎沒有「工作」這個概念，因為工作意味著要完成一些硬性規定的任務，可對他而言，時刻都在享受著創造的自由和快感，享受著審美的喜悅和激情，毫無刻板、約束和勉強之感，哪裡有「工作」的意識呢？如果說有的話，那也會被更盛大、更神聖的概念所代換：事業和使命！

第三十九章　再思而後行

【原文】

　　季文子①三思而後行。子聞之，曰：「再，斯②可矣。」

【注釋】

　　① 季文子，即季孫行父（？～西元前568年）春秋時魯國正卿，諡曰文。
　　② 斯：是。

【譯文】

　　季文子每件事都考慮多次之後才行動。孔子聽到後，說：「考慮兩次就可以了。」

【延伸閱讀】

　　小說《狼圖騰》講述了這樣一個故事：

　　在叢林深處，有一隻饑餓的狼出來覓食。茂密的松林遮蔽了狼的視線，牠不知道此時獵人佈置的陷阱就在附近。這時，狼看到前方似有獵物出現，牠太餓了，於是奮力追趕，

忽然牠腳掌被一個鐵圈夾住了。狼想掙脫束縛，但是鐵圈把牠牢牢地固定在了原地。這時，手拿獵槍的獵人出現了，他一步步向狼逼近，狼似乎感覺嗅到了死亡的氣味。看著那黑洞洞的槍口，狼不再猶豫，牠用盡全身的力氣，咬斷了自己的腳掌，奮力掙脫了鐵鍊，終於逃離了這個危險地帶。

如果狼遲點決斷的話，也許就要喪命於獵人的槍口之下了。可是如果狼早早就把腳掌咬斷的話，萬一獵人放棄了獵殺牠的想法，或者有其他的逃生機會，那犧牲豈不是太大了。這則故事說明了一個道理：**機不可失，時不再來，不能過早，也不能太晚，時機的把握最重要。一旦失去良機，就無法再挽回了，最終你所付出的代價，也許就是你的生命。**

孔子的思想和這個故事的主旨基本上是一致的。在孔子的思想中，他並不贊成季文子的三思而行的優柔寡斷，相反，他認為凡事仔細考慮兩次就夠了，三思而行可能會失去很多有利的機會。為什麼孔子會反對季文子的這種作法呢？主要是季文子做事過於謹慎，顧慮太多，經常會發生各種弊病。從這個角度看，孔子的話也是很有道理的。

任何事情不想一想就行動叫作莽撞，往往會導致後患。但想得太多，瞻前顧後，遲遲做不出決斷，則容易陷入猶豫不決的狐疑之中，導致優柔寡斷。當斷不斷，反受其亂。所以，遇事既要想清楚，有所思考而後行動，又不能優柔寡斷。歷史上的「西楚霸王」項羽就是因為優柔寡斷而斷送了自己的性命。

秦朝末年，劉邦攻打關中，佔領了咸陽。但是劉邦沒想到項羽很快也打到了關中，當他聽說項羽準備攻來時，十分驚訝，心想，自己目前的實力完全不是項羽的對手。於是就請項羽的叔父項伯居中調解，約好時間親自去向項羽道歉。

鴻門宴上，謀士范增多次使眼色示意項羽殺死劉邦，

【名家評析】

程頤評：為惡之人，未嘗知有思，有思則為善矣。然至於再則已審，三則私意起而反惑矣，故夫子譏之。

又舉所佩帶的玉玦做殺狀以示意項羽，意思是要項羽早下決定，殺了劉邦，以絕後患。但范增連做三次，項羽也沒有一點反應，還跟劉邦有說有笑，稱兄道弟的。此時，范增實在是坐不住了，便起身來到外面對項莊說：「項羽為人有婦人之心，不忍親自下手。你進去向劉邦敬酒，敬完酒便請求在座前舞劍，然後就趁舞劍之便，殺了劉邦。如果失敗的話，你們這些人都將會被他殺盡九族。」

項莊於是入帳向劉邦敬酒。敬完酒便對項羽說：「君主和沛公飲酒，軍中沒有什麼可供娛樂，請准卑將表演劍舞，用以娛樂嘉賓。」項羽說：「好！」項莊於是拔起舞劍，項伯看出項莊的用意，也拔劍起舞，在二人同時舞劍的時候，項伯不斷用身體掩護劉邦，項莊才沒有機會刺殺劉邦。

力拔山兮氣蓋世的項羽有勇無謀，鴻門宴上坐失良機，結果，讓劉邦逃脫，使劉邦有機會壯大自己的力量，逼得項羽烏江自刎，從而順利地建立了西漢政權。

項羽的失敗在於政治上的幼稚，缺少謀略和「該出手時就出手」的狠勁，所以一敗塗地。但是項羽重情重義，雖然失敗仍是人們心目中的英雄。不以成敗論英雄也從此說起。劉邦是成功者，但不是英雄；項羽是英雄，但不是成功者。

項羽慘遭失敗的事例告訴我們，做任何事情都不能優柔寡斷、猶豫不決，該做出決定的時候就要果斷地做決定。這樣的例子在中國古代有很多，在古代日本也有一些。

十六世紀日本江戶幕府時期，軍閥德川家康與武田信玄之間發生火併。武田信玄連連得勝，德川的軍隊被打得丟盔卸甲，潰退至濱松城口，武田信玄一路追擊，準備殲滅敵軍於濱松城內。當武田兵臨城下，只見濱松城內城門大開，火光通明，一片安寧祥和。武田信玄是當時著名的軍事理論家，深諳中國的《孫子兵法》，他一看便知德川在擺空城

【名家評析】　●●●

朱熹評：季文子慮事如此，可謂詳審，而宜無過舉矣。而宣公簒立，文子乃不能討，反為之使齊而納賂焉，豈非程子所謂私意起而反惑之驗歟？是以君子務窮理而貴果斷，不徒多思之為尚。

計，便想立即衝進城去。但轉念一想，德川是知道我能識破空城計的，他敢如此安排，其中必然有詐，我必須慎重從事。於是武田不敢貿然攻城，把軍隊安紮在城外。此時，德川的三千後備部隊也已接近濱松，武田更加確信了自己的判斷，認為城內必有眾多伏兵、因此始終沒敢攻進城去。不久，因勞累過度，加之露宿郊野，得肺病而死。

其實，德川家康確實是在擺空城計。他深知武田信玄熟讀兵書，但這些書讀得太多了，反而會智者多慮，謹慎有餘；另外，武田為了保全已經取得的勝利，也不會輕舉妄動，德川正是利用了對手的這種心理，才化險為夷。

武田信玄的失利最主要是由於其謹慎過度，考慮事情太周到，反而猶豫不決，無所適從。這也給後人一個啟示：**凡事看準了就大膽去行動，不要瞻前顧後，讓機會白白錯過了。**

在危急的情境之下，就應當果斷，「該出手時就出手」，敢於冒必要的風險，才有機會獲得成功。如果這時還猶猶豫豫、畏縮不前，後果就不堪設想了。

獲得成功的最有力的辦法，就是果敢地抓住一切有利的條件，迅速做出合理的分析，制訂詳盡、周密的計畫，排除一切干擾因素，而且一旦做出決定，就不要再猶豫不決。

實際上，一個人如果總是優柔寡斷，猶豫不決，沒有主見，或者總在前怕狼後怕虎，一旦有了新的機會，他也不可能抓住，不可能成就某項事業。消極的人沒有必勝的信念，也不會有人信任他們。自信積極的人就不一樣，他們是世界的主宰者。

第四十章　富而可求　雖執鞭亦為之

【原文】

子曰：富而可求也，雖執鞭①之士，吾亦為之。如不可求，從吾所好②。

【注釋】

① 執鞭：拿著鞭子駕車。
② 好：喜歡的事。

【譯文】

孔子說：「財富假如可以求取的話，即使是拿著鞭子為人駕車我也願意做。假如不可求取，還是做我所喜歡的吧！」

【延伸閱讀】

在人們的心目中，孔子是個有理想、有道德，主張「克己復禮」、「以仁治國」的聖人。但聖人也是人，也要吃飯，也要生活啊！孔子一直沒有穩定的生活來源和住所，周遊各國「惶惶如喪家之犬」，所以這位「聖人」，有遠大的

志向，同時一生也很清貧。

孔子對於金錢，或者說是對於財富觀的看法到底是怎麼樣的呢？在孔子看來，貧窮不是他理想的社會，他希望人民富裕。孟子曾說：「錢，賺多賺少，往上說賺的錢足夠孝順父母，往下說賺的錢足夠養活妻兒，在好的年景能一年都吃飽飯，在不好的年景也起碼不會餓死。」

問題在於，致富要走正道，要合於義，就是我們經常說的「用正當手段致富」。如果靠投機鑽營、詐欺行騙來「致富」，那孔子是絕對不做的。行不義之事而得來的富貴，在他看來好比天上的浮雲。

孔子的弟子冉有後來被孔子號召其他弟子「鳴鼓而攻之」，原因就在於他幫助魯國的大貴族季氏搜刮民財，弄得民不聊生。冉有做生意本身就非常有錢，但他不知足，有錢了還要更有錢，而且他並不走正道，用不光彩手段為自己獲取富貴，這不正是「不義而富且貴」，孔子自然是深惡痛絕的。

孔子不反對人們致富，認為追求富足的生活是人的正常要求。但他一是反對求「多」，如季氏富了還要更富，貪得無饜；二是反對以不義手段求富。在《論語·里仁》篇裡，孔子明確指出：「富與貴，是人之所欲也。不以其道得之，不處也。」意思是：發財做官，是人人所想要的，但是如果是用不正當手段得到的，君子是不接受的。

讓我們看看，君子是怎麼處理送上門的金錢的！

東漢名臣楊震是當時名揚天下的大學者，有「關西孔子」美譽。楊震在年輕的時候，客居異鄉二十多年，一直是靠教書得來的微薄收入奉養老母。有一些地方官員很賞識他的才能，欣賞他的學識，都想請他出來做官，但每次都被拒絕了。楊震直到五十歲時，才在朋友們的勸說下，出來做

官。他為官清廉，很受百姓的愛戴。從不接受別人的饋贈，他從荊州調到山東任東萊（今山東萊州）太守，路經昌邑縣（今山東金鄉西北）的時候，昌邑縣令王密特來拜訪他。

王密是楊震在荊州時舉薦的秀才，他為了報答楊震的知遇之恩，當天晚上趁夜深人稀，懷抱十斤黃金呈獻楊震。楊震批評他說：「作為老朋友，我了解你，你怎麼會不了解我呢？」

王密以為他假意推辭，便說：「夜裡不會有人知道這種事情，請大人放心收下吧！」

「天知，神知，我知，你知，怎能說沒有人知道呢？快給我收起來！」楊震嚴肅地訓斥了他。王密慚愧地收起金子拜辭而回。

從此，楊震「夜畏四知，嚴拒私謁」的品德一直被後世讚美。

楊震是很有錢嗎？不是，他一直過著清貧的生活，靠教書、種地生活。這說明他收入微薄，他是很需要錢的。王密送他黃金，以報知遇之恩，從道理上講，楊震是完全可以收下的。別人也不能說什麼，又不是行賄。況且，當時在場的只有他們兩個，這收人財物的事也不會被傳出去。但是「君子愛財，取之有道」，楊震認為，王密送金這種行為，是與他平常遵守的「仁義之道」相悖的，自己不能違背了「仁道」，於是堅持推辭。說明真正的君子，無論在什麼情況下，都能堅守自己的原則——「取之有道」。

孔子還說過這樣的話：**在世道清明的社會，一個人不能富裕，仍然貧賤，是一種恥辱。在政治黑暗的社會，一個人如果不甘貧賤，鑽營富貴，也是一種恥辱。**

在孔子生活的時代，作為貧寒的讀書人，除非去攀附權貴，鑽營豪門，剝削百姓，或混個官兒當當，是很難靠誠實

【名家評析】

蘇轍評：聖人未嘗有意於求富也，豈問其可不可哉？為此語者，特以明其絕不可求爾。

和工作而致富。但孔子是絕不會折損自己的人格去「為五斗米折腰」的，因此，他能夠安貧樂道。和孔子形成對照的，是他的兩個弟子，一個是冉有，投靠當時的權貴季氏，剝削人民來謀取自身的富貴。另一個就是大白天睡大覺，什麼事也不幹的宰予，後來也因為貪圖富貴而投靠到一心篡齊的田常門下。這兩個人都受到了孔子的批評。

今天，許多人都透過自己的勤勞而在努力致富，甚至是賺大錢，發大財，這無可厚非。但我們在累積財富時，不能不提醒自己，「君子愛財，取之有道，不義之財不可貪」。像一些人造假酒、假藥、做假帳等，錢是賺到手了，可傷天害理，最後自己也倒楣，甚至於觸犯了法律，落得個身陷囹圄的悲慘下場，這不是害人又害己嗎！

這是一個容易讓人迷失的世界，在追逐名利的時候，千萬別迷失了原本善良的自己。

第四十二章　見小利則大事不成

【原文】

子夏①為莒父宰，問②政③。子曰：「無欲速，無見小利。欲速則不達，見小利則大事不成。」

【注釋】

① 子夏：姓卜，名商，字子夏，後亦稱「卜子夏」、「卜先生」，春秋末晉國溫人（今河南溫縣）（另有魏人、衛人二說，近人錢穆考定，溫為魏所滅，衛為魏之誤，故生二說），孔子的著名弟子，「孔門十哲」之一。

② 問：諮詢。

③ 政：為政之道。

【譯文】

孔子的弟子子夏在魯國做了一個官，一天向孔子諮詢為政之道。孔子說：「做事不要一味求快，不要只見眼前小利，如果只圖快，結果反達不到預期的目的；只貪圖眼前的小利，就辦不成大事。」

【延伸閱讀】

我們常說的「欲速則不達」這個成語，來自《論語》中孔子的一句話。意思是說，我們在做事情時需要注意速度問題，做事並非越快越好。無論是理論還是實踐都證明了這一點，應要把握節奏和平衡。

會開車的朋友都知道：當汽車以合理的速度行駛時，完全在我們的控制之中，它是平穩安全的。當速度提高以後，雖然看上去短時間內效率提高了，但是它發生事故機率也會隨著提高，也就是說，它的安全係數降低了。《呂氏春秋》裡說：聖人在時機不成熟時，要等待時機。從外表上看，這似乎是緩慢和遲延的，而實際上卻不然。

這就是生活的辯證法：欲速則不達，有時慢一步、停一步，反而能更快地達到自己預期的目的。孔子是在給弟子子夏講為政之道時講這個道理的。子夏做了莒父的縣長，問孔子，如何才能做好工作。孔子說：「不要圖快，不要顧著小利。圖快，反而達不到目的；顧小利，就辦不成大事。」

孔子指出的這兩點不僅對子夏，對所有為政做官者都具有深刻的警戒作用。尤其對於現代人而言，就更加發人深省了。

歷史上有許多為政者本來用意良善，也是一心為公，可是急於求成，為了政績，「急功近利」，「揠苗助長」，結果反而走了很多彎路，有的官員甚至為此丟了性命。

商鞅變法和後來的王安石變法就是很典型的例子。

商鞅的變法思想沒有問題，也的確是秦國富強所需要的。問題是秦國保守勢力非常強大，而商鞅變法必然觸動貴族的利益，在這種情況下，商鞅在君王的支持下強制推行變法，自然遭到了很大的阻力，最後終於爆發了宮廷政變，連

【名家評析】

朱熹《集注》評：見小者之為利，則所就者小，而所失者大矣。

商鞅本人也被復仇的貴族殺死了。這就叫欲速則不達。

　　同樣王安石變法也面臨這個問題，他的出發點是好的，可是性子太急，在變法內容不完善、改革吏治不周全、政治鬥爭背景極其複雜的情況下強行變法，最後終於在內外交困中以失敗告終。

　　所以孔子告誡說：「為政者要注意審時度勢，切忌急功近利，欲速則不達」。

　　現代許多為政當官者也都是上台伊始，便想著如何大幹一番，博得政績彪炳，以便繼續高升或者青史留名。由於這種急功近利的想法，他們往往會選擇一些投資小、見效快、資金周轉靈活的建設項目施行，即使這些項目往往有著很大的副作用，還有的選擇風險大，卻又效益豐厚的途徑，臨時鑽一下政策或法律的漏洞，卻全然不顧以後的後果。譬如一些官僚過去可以憑藉關係向國家銀行借貸鉅款，來投資建設，一時間任期內熱鬧非凡，聲名鵲起，可是卻給下一屆政府留下一個巨大的包袱。而那時他自己早已拍拍屁股，高升走人了。類似這種為政者便不是什麼審時度勢的問題了，而是心術不正，為禍一方。

　　「欲速則不達」，在企業的經營、發展、管理過程中也有很具體的展現。

　　比如，企業的業務發展速度過快，相對來說，企業的管理和控制能力提高的速度卻要慢得多，因為它是一個知識、經驗、人才，以及文化逐漸累積的過程。當業務發展速度過快的時候，管理如果跟不上，就可能會出現管理失控，企業就會出問題。

　　「快與慢不是外界可以評判的，快慢的標準在於自身對平衡感的把握。」

　　節奏是音樂的靈魂，沒有節奏的音樂是一堆破碎的音

【名家評析】

　　劉寶楠《論語正義》評：利謂便國益民也。為政者見有大利，必宜興行，但不可見小耳。

符；節奏是詩的靈魂，沒有節奏的詩是一窪骯髒的積水。我們做事情要能張弛有度，才能避免失敗。俗語說：「心急嫁不到好漢子，性急吃不了熱豆腐。」話雖粗俗了點，但卻是真理。西諺說：「羅馬城不是一天造成的。」道理也是如此。

上面說了「欲速則不達」、「急功近利」的道理，下面我們來看看，「小利不捨，大事不成」的故事。「小利不捨，大利不來」這是定則。小與大這一對最簡單的矛盾裡，包含著最複雜的辯證法。

有的人視小為大，有的人視大為小，而小與大之間又常可以互相轉化。悟得小大之中的真味，也就能在社會上「立地成佛」了。

李嘉誠曾經出任十餘家公司的董事長或董事，但他把所有的職務報酬都歸入長實公司帳上，自己全年只拿五千港元。這五千港元，還不及公司一名清潔工在八○年代初的年薪。李嘉誠多年維持不變，只拿五千港元，李嘉誠是小利不取，大利不放。李嘉誠每年放棄上千萬元的職務薪金，卻獲得公司眾股東的一致好感。愛屋及烏，自然也信任長實系股票。甚至李嘉誠購入其他公司股票，投資者莫不步其後塵，紛紛購入。

李嘉誠是大股東，長實系股票被抬高，長實系股值大增，得大利的當然是李嘉誠。就這樣，李嘉誠每欲想辦大事，總會很容易得到股東大會的通過。對李嘉誠這樣的超級富豪來說，職務薪金算不得大數，大數是他所持股份所得的股息的價值。

一般的商家只能算精明，唯有李嘉誠一類的商界超人，才具備經商的智慧，捨小取大，李嘉誠又是其中最聰明的人。一些人目光只會停留在眼前利益，做生意不捨一分一

厘，只求自己獨吞。恰是一時賺得小利而失去了長遠的大利，可謂撿了芝麻，丟了西瓜。李嘉誠正好相反，他捨棄了小利而贏得了大利。

在當今社會，「急功近利」的心態和「小利不捨」的貪婪往往讓人失去更多，而不是得到更多。沙漠是由一粒粒細沙堆成的，財富是由一枚枚硬幣累積而成。深悟商道的人最懂得掌握這些不起眼的財富，也最懂得「捨得」的道理——「捨得、捨得，有捨才有得，不捨不得」。

第四十三章　過則勿憚改

【原文】

子曰：……無友不如己者。過①則勿憚②改。

【注釋】

① 過：過錯。

② 憚：害怕。

【譯文】

孔子說：「不要和不如自己的人交朋友，錯了不要害怕改正。」

【延伸閱讀】

古人說：「人非聖賢，孰能無過？」即使是聖賢，也不敢說自己一輩子不犯錯。列寧也說過：「只有死人才不會犯錯誤。」由於我們的認識能力所限，加上性格上的弱點，難免時不時會做些傻事、蠢事、錯事，有的造成的過失可能較輕，但有的可能帶來嚴重後果。

胡適先生說得好，「自古成功在嘗試」。而探索、嘗

試，就不能不犯錯誤。怕犯錯誤，就不能「經風雨」，不敢「見世面」；「豬圈豈生千里馬，花盆難養萬年松」；要成功就不能怕失敗。

知過能改，是道德修養的重要方法。有了過錯不要害怕改正，改正了才能進步。子貢說：「君子之過也，如日月之食焉；過也，人皆見之；更也，人皆仰之。」意思是：君子的過錯就好比日蝕和月蝕。有了過錯，人人都看得見；改正了過錯，人人都仰望著。君子光明磊落，絕不文過飾非。

那麼，在犯錯之後，如何才能彌補呢？孔子說：「過則無憚改。」孔子這句話的意思就是，有了過錯就不要怕改正。他認為，作為具有高尚人格的君子，勇於面對和改正錯誤就是對待錯誤和過失的正確態度，可以說，這一思想閃爍著真理的光輝，反映出孔子理想中的完美品德。在現實生活中，孔子也擁有「過則改之」的美德。

孔子在陳國時，一次陳國大夫陳思敗向孔子問魯昭公懂不懂「禮」。孔子回答說：「他（魯昭公）懂禮。」陳思敗沒再說什麼。等孔子出去以後，陳思敗便對孔子的弟子巫馬期說：「君子應該是不偏袒任何人的，可是孔子為什麼要偏袒魯昭公呢？魯昭公違反同姓不婚的禮制，從與魯國同姓的吳國娶了位夫人。如果魯昭公這也叫懂禮，那誰不懂禮呢？」

巫馬期把陳思敗的意思轉告給了孔子。孔子說道：「我真幸運，假如有錯誤，人家一定給指出來。」

像孔子這樣的「聖人」都難保不犯錯，更不要說我們普通人了。但是孔子之所以能成為「聖人」，「過則勿憚改」肯定是其中的重要因素之一。

唐太宗李世民之所以能夠登上帝位，並取得貞觀之治的佳績，與他善於聽取諫言有很大的關係。他曾經說過：「以

【名家評析】

　　程頤曰：學問之道無他也，知其不善，則速改以從善而已。

銅為鏡，可以正衣冠；以史為鏡，可以知興替；以人為鏡，可以明得失」。

偉大的人有時也會犯錯誤，但他的偉大之處，就在於他從不掩飾錯誤，而且勇於改正錯誤。這不但不會損壞他的形象，反而更會贏得人們的尊敬。孔子就是這樣的典範，值得我們學習。

《了凡四訓》提到改過要有三心：第一要發恥心——知恥能生大勇；第二要發畏心——知畏則誠敬；第三要發勇心——知勇則能振奮。

但是，現實中為什麼會有人往往知錯而不改呢？究其原因，大概有兩點：一是與維護自己的所謂面子有關；二是怕擔責任。其實，為了維護面子而堅持錯誤的人是愚蠢，他們會因為固執錯誤而真正丟了面子，付出慘重的代價。

曾經聽過這樣一個故事，說有一個人每次都固執地將「泰山」念為「秦山」，有一個好心人就每次給他指出錯誤，此人偏不認錯，還說：「我們找村子裡最有學問的老先生問問。如果是我錯，我就請你吃飯；如果他說你錯了，你就得請我吃飯。」於是二人找到老先生。老先生聽完事情來由，便說：「是念『秦山』。」那位犯錯的人得意極了，白吃了一頓飯。事後，糾錯人埋怨老先生：「你明明知道是他的錯，為什麼不指出呢？」老先生哈哈一笑：「你不過是損失了一頓飯，但他要為他的固執付出一生的代價。」

有的人，為了維護自己的面子，不僅不承認錯誤，竟還要把正確的理論扼殺，以此證明自己從沒犯錯誤，這種人，已經自以為是、固執己見到了極端，不可救藥了，他的性格決定了他的失敗命運。

還有怕擔責任，這的確是個不好過的關口。在這一點上，勇氣非常重要。要敢於承認錯誤，敢於承擔責任，哪怕

會因此而受到處罰。這樣做的人會受到人們的原諒和尊敬。如果為逃避責任而避重就輕，這樣做，只會表現出自己的怯懦、自私和不誠實。

　　無論是在生活還是工作中，如果我們知道自己錯了，免不了會受責備，何不自己先認錯呢？自己譴責自己不比挨人家的批評好受得多嗎？不必怕丟面子，也不必怕擔責任，如果我們對自己作了指責和批評，別人十之八九會對我們予以寬大諒解而寬恕我們的錯誤。

　　人生絕不會由於承認和改正錯誤而黯然失色，卻有可能由於掩飾和固守錯誤而損失慘重。一個人有了缺點和犯了錯誤並不可怕，只要敢於正視、敢於改正自己的缺點錯誤，重新確立好志向，一樣可以成為有用之才。

　　人應該時時反省，認識錯誤，改正錯誤。古人有「知錯能改，善莫大焉」之說，韓愈所謂「行年五十而知四十九年非」，說的也正是這個意思。**一個人只有具備了改過遷善的能力，他才可以算是一個有自我意識的人，一個在完整意義上精神健全的人。**

第四十四章　小不忍則亂大謀

【原文】

子曰：巧言①亂德②，小③不忍則亂大謀④。

【注釋】

① 巧言：花言巧語。

② 德：品德、德行。

③ 小：細微的事情。

④ 謀：謀劃、計畫。

【譯文】

孔子說：「花言巧語，就會使人的道德敗壞；遇到小的事情，不能夠忍耐，就會使整個計畫被破壞。」

【延伸閱讀】

俗話說：「忍字頭上一把刀，遇事能忍禍自消」。一個「忍」字，被許多人奉為處世成事的良方。宋朝的王安石就說過：「莫大之禍，起於斯須之不忍。」

陸放翁（陸游）曾經寫詩說道：「忿欲至前能小忍，人

人內心期有頤。」又曰：「毆攘雖快心，少忍理則長。」又曰：「小忍便無事，力行方有功。」

勾踐忍不得會稽之恥，怎麼能臥薪嚐膽，興越滅吳？韓信受不得胯下之辱，哪能做得了淮陰侯？這都是「忍小事，而成大事。」所謂的「小事」，只是相對而言的，再大的事，只要是個人的事，在國家利益面前，都只能是「小事」。或者說，所謂的「小事」，都是跟「大謀」相比的，只要比不上「大謀」的，就可以稱之為「小事」。

但是，是不是遇事一味忍，就好呢？就像唐朝兩位詩僧寒山和拾得的對話，寒山說：「如果有人侮辱我，嘲笑我，藐視我，傷害我，嫉恨我，欺騙我，我該怎麼辦？」拾得便說道：「你只需忍受他，順從他，讓他，敬他，躲他，耐他，待十年後，你且看他。」

這樣忍，可取嗎？讓我們看看孔子對於「忍」的看法和作為。

孔子說：「小不忍，則亂大謀。」孔子也是講「忍」的。忍，包括對人對己兩方面。對人採取寬容、忍讓態度，對己則採取克己的態度。《論語》中直接提到「忍」的地方不多，其實「忍」包含在孔子的「忠恕之道」的「恕」中，就是「己所不欲，勿施於人」，自己不想要的，不施加給別人。而要做到「恕」，就要「克己」，這就是忍。

但孔子講「忍」是有條件的，並不是無原則的忍讓遷就。《論語‧八佾》記載了這麼一件事：

魯國的季氏按名分是卿大夫，卻享用只有天子才能用的「八佾舞」。這在孔子看來，是嚴重的僭越行為，因此憤怒地說：「如果這樣的事都能忍，那還有什麼事不能忍呢？」而當自己的弟子冉求幫助季氏橫徵暴斂時，孔子大怒，說：「冉求不是我的弟子，你們（指其他弟子）可以敲著鼓聲討

【名家評析】

朱熹《論語集注》評：小不忍，如婦人之仁、匹夫之勇皆是。婦人之仁，不能忍於愛；匹夫之勇，不能忍於忿，皆能亂大謀。

伐他！」

那麼，什麼情況下應該忍呢？

一種情況是在與惡勢力作抗爭時，如果自己力量弱小，處於不利境地，這時要忍。忍的目的不是屈服於惡勢力，而是暫避其鋒芒，不做無謂犧牲，等待時機再戰而勝之。

還有一種情況，是在遇到小人的誣衊、誹謗或者糾纏時，隱忍不發，不去與小人據理抗辯。這樣做，也是為了不亂大謀，不使自己陷入無聊的爭鬥，浪費時間、金錢和精力。

第三種情況，就是為了顧全大局，為了長遠利益，需要自己忍，忍受他人的誤解，忍受暫時的困境。小不忍，則亂大謀。這是古往今來多少人的經驗和教訓的概括。對於今天血氣方剛的年輕人，對於大權在握的政客，對於有錢有地位的商人來說，隱忍、妥協並不意味著膽小。既要戰勝自我，消除復仇的心理，又要戰勝別人。不顧世俗的猜疑歧視，這又何嘗不是一種勇敢呢？

《孔子家語》中，記載了孔子對子路的一番話，對「忍」做了很好的解釋。孔子說：君子處世，要達成自己的目標，可以「屈則屈」，可以「伸則伸」。屈節是因為有所期待，求伸是要把握時機。因此，雖忍耐受屈，但絕不以毀壞節操為代價。要實現自己的志向，也不會拿原則做交易。

這就是「受屈而不毀其節，志達而不犯於義」。

尺蠖屈身，是為了前進，龍蛇蟄伏，是為了飛騰。忍，不是目的，而是手段。為了達到目的，我們當忍則忍。但如果忍的結果是背離了目的，那就不能「忍氣吞聲」下去了。

「小不忍，則亂大謀」。而要做到能忍，會忍，忍得合乎道義，一是要把持原則性和靈活性，善於審時度勢，二是要有很好的修養，要有很強的自制力。說實在的，有時一事

當前，要忍得住怒火，還真不那麼容易。曾國藩說到自己的「忍」功，那是「打掉門牙和血吞」。宋朝人程頤說得好：「忍所不能忍，容所不能容，唯識量過人者能之。」孔子就是這樣的既深明大義，又聰慧過人的「能忍者」。

今天，我們遵循孔子的教誨，學會在該忍的時候忍，不但可以改善我們的人際關係，促進社會的和諧共處，也有助於我們以良好的心態成就自己的事業，擺脫形形色色無聊事物的干擾和影響，也使我們自己免受無謂的損失。

諺語云：「萬事皆因忙中錯，好人半自苦中來。」要成就一件事情，須觀察時機，等待因緣，急不得的。**受苦忍耐是一種承擔、一種磨練、一種等候。許多事業有成者都在忍耐多次失敗後，愈挫愈勇，最後取得成功。**與其幻想一夕有成，不如在艱難困苦當中忍耐，一旦時機成熟，必然水到渠成。

蘇軾在《留侯論》中說：「古之所謂豪傑之士者，必有過人之節，人情有所不能忍者。匹夫見辱，拔劍而起，挺身而鬥，此不足為勇也。天下有大勇者，卒然臨之而不驚，無故加之而不怒，此其有所扶持者甚大，而其志甚遠也。」

第四十五章　臨事而懼　好謀而成

【原文】

子謂顏淵曰：「用之則行，舍之則藏①，唯我與爾有是夫②！」子路曰：「子行三軍③，則誰與④？」子曰：「暴虎⑤馮河⑥，死而無悔者，吾不與也。必也臨事而懼⑦。好謀而成者也。」

【注釋】

① 舍之則藏：舍，通「捨」，丟捨，棄而不用。藏，隱藏。

② 夫：語氣詞，相當於「吧」。

③ 三軍：當時大諸侯國有上、中、下三軍，泛指當時大國所有的軍隊，每軍約一萬二千五百人。

④ 與：在一起的意思。

⑤ 暴虎：空拳赤手與老虎進行搏鬥。

⑥ 馮河：馮，通「憑」，無船而徒步過河。

⑦ 臨事而懼：懼是謹慎、警惕的意思。遇到事情便格外小心謹慎。

【譯文】

孔子對顏淵說：「用得著我呢，我就去做；不用我，我就隱藏起來，只有我和你才能做到這樣吧！」子路問孔子說：「老師您如果統帥三軍，那麼您會和誰在一起共事呢？」孔子說：「赤手空拳和老虎搏鬥，徒步涉水過河，死了都不會後悔的人，我是不會和他在一起共事的。我要找的，一定要是遇事小心謹慎，善於謀劃而能完成任務的人。」

【延伸閱讀】

在孔子的眾多弟子中，子路是以勇氣著稱的。孔子多次說，子路「勇賢於丘」，「好勇過我」，甚至說：「如果我的主張不能推行，我就乘木筏到海外去，闖一番事業，能跟隨我的，大概就是子路吧！」

但同時，孔子也一再告誡子路要「勇力撫世，守之以怯。」就是說，要成就大事業，僅有勇氣是不夠的，還要把握一個「怯」字。「怯」是什麼？就是膽小。難道孔子認為膽小比勇敢更可取，更能成事嗎？

是的，孔子就是這樣認為的。這一點，在這裡就可以看出，子路很有自知之明，他說：「老師，如果派你打仗，你帶哪一個？」孔子聽了子路的話笑罵子路，像你這種脾氣，要打仗絕不帶你，像發了瘋的，赤手空拳和老虎搏鬥；站在河邊就想跳過去，跳不過也想跳，這樣有勇無謀怎麼行？看起來滿英勇，死了都不後悔，這種作法是冤枉去送死，也是死不足惜的。

在這裡，孔子提出了兩條重要的做事準則，一是「臨事而懼」，一是「好謀而成」。先說「臨事而懼」。

【名家評析】

謝氏曰：聖人於藏之間，無意無必。其行非貪位，其藏非獨善也。若有欲心，則不用而求行，舍之而不藏矣，是以唯顏子為可以與於此。子路雖非有欲心者，然未能無固、必也，至以行三軍為問，則其論益卑矣。夫子之言，蓋因其失而救之。夫不謀無成，不懼必敗，小事尚然，而況於行三軍乎？

懼，就是恐懼，膽小，就是做事要有所顧忌，不能任意妄為。其實，恐懼是一種心理反應，是人的一種自我保護本能。遇到危險，面對自己尚不了解的情況，不要貿然行事，而是要心存恐懼，小心應對，這是謹慎的表現，是聰明人的作法，可以避免無謂的犧牲和損失，這就是「懼而多思」。

有一個小故事，說一位老闆打算雇用一名私人司機，有三個人來應聘。老闆出了道考題：「如果汽車開近了懸崖，你們能夠在多遠距離煞住車？」

一位司機答：「我可以在距懸崖十公分處煞住車。」

第二位司機回答：「我可以在五公分處煞住車。」

第三位司機回答：「我將在距懸崖盡可能遠的地方煞住車。」

假如你是那位老闆，你會雇用哪一位？

古人有句話：「無知者無畏。」就這句話來講，如果「無畏」是建立在「無知」的基礎上的，那麼這種「無畏」不過是一種魯莽行事，蠻幹傻幹，只會成事不足，敗事有餘。比如你做投資、買股票或開公司，你無所畏懼，對可能出現的風險一點兒也不恐懼，就很可能血本無歸，一敗塗地。

當然，孔子講「臨事而懼」，並不是一味怕事，而是一事當前，首先要採取謹慎的態度，考慮可不可行，是否行得通。如果可行，還要考慮到可能出現的種種困難，怎麼解決困難，並做好周密的部署。而事情一旦開始做了，就要「往最好處努力」，這時，也不能徒逞勇力，能智取是最好的。這就是孔子說的「好謀而成」。

「好謀」，就能以最小的成本，獲取最大的利益。而這，往往是以弱勝強、以小搏大者的法寶。孔子不贊成那種赤手空拳與老虎死拚硬鬥的「勇」，他曾經稱讚過卞莊的「勇」。

卞莊曾戰勝過老虎，而且是兩隻。他是怎麼戰勝的呢？卞莊看見兩隻老虎正在吃一頭牛，便拿著劍，想衝上去殺了。但旁邊有個人給他出主意：「兩隻虎正在吃牛，見好吃的必然相爭，急則必撕咬，

撕咬的後果就是兩敗俱傷。這時你再下手刺殺老虎，肯定是一舉兩得。」卞莊依計行事，坐山觀虎鬥，果然，小虎死，大虎傷。卞莊毫不費力就刺死了傷虎，兩虎俱得。卞莊以智刺虎，成就了他勇士的美名。如果他貿然去與二虎搏鬥，恐怕早就餵了老虎了。

　　從司機、卞莊的故事，我們看到了「好謀以成」的力量，我們還看到了「好謀以成」的產生，離不開「臨事而懼」的慎重。**只有慎重小心，權衡利弊，才能不魯莽行事，應靠智慧而不是單靠蠻勇取勝。**孔子講「臨事而懼」，並不是要人一味的恐懼，退縮，連該做的事都不敢去做，而是說開始時就要避免失敗，所以要考慮周詳，不自作聰明；到事情終於來了，則「好謀以成」，勇氣和謹慎互用，各方面都設想周到，以促其成功。孔子提倡的是一種沉靜之勇、明智之勇。

　　「臨事而懼，好謀而成」是做人做事的基本準則。大家都應該按照孔子的教誨去做。違反這一準則的人，比如子路，孔子多次告誡他「勇力撫世，守之以怯」，子路並未真正領會孔子的話。孔子曾預言子路將因逞勇而「不得其死」，果然不幸而言中：子路後來在衛國任職，遇上衛國宮廷內亂。孔子的另一弟子高柴也在衛國做官，他不做無謂犧牲，設法脫身而逃。而子路卻不顧敵眾我寡，恃勇與亂兵搏鬥，最後被剁成了肉醬，讓孔子大為傷心。

　　子路的悲劇很值得我們深思。

第四十六章　君子易事而難說也

【原文】

子曰：君子易事①而難說②也。說之不以道，不說也；及其使人也，器③之。小人難事而易說也。說之雖不以道，說也；及其使人也，求備焉。

【注釋】

① 事：做事、侍奉。
② 說：同「悅」，喜歡。
③ 器：器皿，看待如器皿，引申為量材使用。

【譯文】

孔子說：「為君子做事容易，但贏得他的歡心難。用不正當的方法去博取他的歡心，他是不會高興的。不過，君子用人的時候是量材使用，他不會提出額外的要求。為小人做事很難，但想博取他的歡心卻容易，用不正當的手法去取悅他，他會高興。不過，小人用人的時候求全責備，什麼事都要你負責。」

【延伸閱讀】

　　孔子對事物的觀察是十分認真、十分仔細的，他發現在君子手下做一份工作是比較容易的，不會經常受到什麼指責，但討得君子的歡心卻很難，用不正當的手段、不是透過正當的途徑討他喜歡，是勞而無功的。但君子用人時，是按照每個人的才與德的實際情況，分給他恰當的工作。在小人手下工作起來很難，而討得他的歡心卻很容易。用不正當的手段討他喜歡，他也會喜歡的。

　　每個人作為社會中的一員，都不可能孤立的生活，都要跨入社會、走入工作職場中，面對形形色色的老闆。對待不同的老闆，該如何與之相處，並在相處的過程中不斷提升自己，這是一門高深的學問。與人相處本身就難，難在了解他的心。

　　對上司，你不能太疏遠，不能無視他的存在。因為上司決定著你的飯碗、你的升遷，也決定著你的工作能否更有成效——與上司關係融洽，你就能得到上司對你工作的支持、指導和幫助，你就能更好地完成工作，取得成功。

　　但是，你也不能與上司關係太過密切，如果關係太過密切，甚至成為唯上司命是從的唯唯諾諾的「應聲蟲」，你就很有可能在同事中被孤立，落下「馬屁精」、「小人」的壞名聲。而有些上司也並不喜歡你與他太親密無間。

　　孔子的弟子子游曾經說過：和上司的關係過於密切，就會招致侮辱；對於朋友過於密切，就會被疏遠。正是這個意思。更嚴重的問題是，你一味逢迎上司，就可能喪失原則性，淪落成「幫凶」，喪失自己的人格，甚至被利用，成為壞上司的「替罪羔羊」。

　　那麼，該如何對待上司呢？讓我們看看孔子是怎麼說

【名家評析】

　　普希金：「正直的人既不收受他人的錢財，也不接受他人的奉承，這些都不是他應得的。」

的。孔子把上司分為君子和小人兩類。孔子說，在君子手下工作很容易，討他的歡喜卻難。不用正當的方式去討他歡喜，他不會喜歡的。他用人的時候，是衡量各人的才德去分配任務的。在小人手下工作很難，討他的歡喜卻很容易。用不正當的方式去討他歡喜，他會喜歡的。但他用人的時候，會百般挑剔，求全責備。

孔子這番話，對兩類上司的特點分析得入木三分，我們完全可以針對不同類型的上司，採取不同的「對策」。

先說君子類上司。這類上司為人正派，事業心強，剛直不阿。在他手下工作，是你的幸事。這樣的上司對待屬下，看重的是屬下的敬業精神和才能。你要取得他的信任，討得他的歡喜，必須走正道，用自己的能力說話，不要企圖用私人交情、吃吃喝喝來討他喜歡。唯有踏實的工作，實實在在的業績，才能使他對你刮目相看，提拔你，重用你。

李俊是一家外資企業的部門主管，在春節過後，就特意從老家給自己的德國老闆帶了點家鄉的土特產，說是過年的一點小意思。德國老闆雖然非常喜歡這些地方風味的土特產，但是此刻頓時板下臉，讓李俊立刻將這些東西拿回去，並且嚴厲地批評他道：你以後不要對我做這一套，你要讓我對你留下好印象，提拔你，只要把你的部門管理好，讓我看到你的成績就行。

上司工作責任感很強，也就不會喜歡舉止輕浮的下屬；一個性格內向、具憂鬱特質的上司，就不會喜歡一個在他面前舉止散漫、夸夸其談的下屬；一個把自己私人利益看得很重的上司，其擇人首先就看是否對自己個人有利；一個辦事利爽的上司就更喜歡聰穎敏捷、頭腦機智的下屬。

再說小人類上司。這類上司私心重，喜歡恭維，愛面子，喜歡下屬送禮請客，喜歡擺官架子。只要投其所好，就會得到他的歡心。但是要記住，這類上司也是最靠不住的。工作來了，他不但不會給你正確的指導、有效的幫助，還會對你挑三揀四，吆五喝六。有了成績全

歸他，有了過失全推你頭上。對這種上司，你必須提高警惕。

　　我們當然都希望自己能在君子類上司手下工作，但實際生活中，我們碰上的很可能會是小人類上司。有的是略微小人一點，有的可能是徹頭徹尾的小人！有一句職場俗語：工作可由你選擇，上司卻不由你選擇。那碰上「小人」上司怎麼辦？

　　當然，你實在受不了小人的氣，可以炒他魷魚，掛冠而去。但目前社會的就業形勢這麼嚴峻，上司只是「略微」小人點，或者有時還會「君子」一下，你也就不必輕易交上你的辭呈。因為得到一份工作，尤其是適合自己志趣的工作，畢竟不易。你要以退為進，凡事以忍為先，不要當面發生衝突。他錯怪你的時候不要直言辯解，而是用事實證明。你這樣堅持，他會改變態度。

　　我們細讀孔子的話，會讀出四個字：「說之以道。」就是說，**與上司打交道，無論是君子類，還是小人類，關鍵是要堅持正當的方式。這就是不靠逢迎拍馬，阿諛諂媚，或者在麻將桌上、酒席宴上做所謂「感情投資」，而是以自己的真本事、業績為依恃，與上司對話。**

　　只有自己的出色工作，才是你最可靠的與上司打交道的籌碼。就是小人類的上司、主管，也希望自己的部門、公司有效益、有政績、有利潤啊！即使你不去巴結逢迎他，他也不得不重視你。不然你走了，他指望誰工作啊！但如果你在業務上一塌糊塗，卻只會拍上司馬屁，那早晚有一天，你或者會被上司棄之如敝屣，或者與小人上司一同倒台，那時你就悔不當初了。

　　好的上司使人獨立成器，壞的上司只要求下層投其所好。在君子手下工作，需要的是才學、能力、技術，感受的是人盡其才的責任感。在小人手下工作，需要的是逢迎討好、不正當手法，感受的是失去自我及種種冤枉委屈。工作的目的是施展才能、發展自我，還是為了阿諛諂媚、失去自我，這是跟隨君子還是侍奉小人的區別。

第四十七章　不怨天　不尤人

【原文】

子曰：「莫我知也夫！」子貢曰：「何為其莫知子也？」子曰：「不怨天，不尤①人。下學②而上達③，知我者其天乎！」

【注釋】

① 尤：責怪，埋怨。
② 下學：學下。學習普通平常的知識。
③ 上達：達上。透徹地了解高明、深奧的道理。

【譯文】

孔子說：「沒有人了解我啊！」子貢說：「那老師您如何對待這種情況呢？」孔子說：「不怨恨天，不責怪別人，透過學習普通、平常的知識而能透徹地了解高深的道理。還有老天爺了解我呢！」

【延伸閱讀】

孔子是一個志向遠大的人，一心要以仁義之道來整治

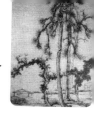

家國天下，實現天下的長治久安。為此他曾經廣泛遊歷諸國，希望有君王能夠採納他的思想主張，行禮治，盡仁道，明倫常。可是當時諸侯之間連年攻戰，人人自危，奸謀權術橫行，勇力軍法並重。各個諸侯國王急功近利，欲圖自保或者稱霸天下，孔子的一整套根治社會弊端的慢功夫自然難以見用於世。這倒並不是說孔子的思想理論不好，而是由於道德教化、人心轉變往往見效很慢，在當時紛繁動盪而又複雜的社會背景下，這些難以具體實行。因此孔子周遊了一大圈之後，最終還是一無所獲，懷才不遇，沒有實現他的政治理想，甚至因此不斷遭到別人的譏諷和嘲弄。所以孔子才會發出世上沒有懂他的人的感歎。

不過孔子之所以不同於常人，就在於他雖然一生鬱鬱不得志，但卻能夠通達事理，用他的話講就是「不怨天，不尤人」。事情做得雖然不順利，既不埋怨老天爺、也不遷怒旁人，這是需要相當的修養功夫才能做到的。

一般修養不夠的人在做事不順找原因的時候，往往會有三種方式：

一是遷怒旁人，俗話講就是找一隻代罪羊，這就是「尤人」。

二是自責於己，否定自己的作法，不再堅持既有的原則。

三就是當找不到原因，又想不通時，乾脆把一切過錯都推給老天爺，這就是怨天了。

孔子的作法不同於以上三者。他雖然一生遭遇挫折，抱負難以實現，但是並不灰心喪氣，也不輕易否定自己，而是博學深思以考人情事理，知人生之應當，而後向上通達於天命。也就是說，孔子是明瞭時勢有順逆、人生際遇有暢達與隱曲，不可一味強求這個道理的。由此他認為，人應該為人

之應當所為，既無需苟全易節，也不應怨天尤人。

如此一來，便與天道運行相契合，無所不通了。這才是智者達人所為。所以孔子感歎只有老天才是他的知音，這表明孔子對人生遭遇進退的理解已經與天道自然運行相貫通了，故而他雖然沒有實現自己的理想也是無怨無悔。

孔子的這種人生境界，對於現代人擺脫事業生活中的種種煩惱和困惑是很有啟發的。現代人遇到問題習慣於在抱怨中來平衡自己的心理，「怨天尤人」稀鬆平常，因此往往以無休止的爭吵和感情的相互傷害來結束，甚至於乾脆進入無端的發洩狀態；所以體會孔子這種通達的人生觀就顯得尤為必要了。

下面這個故事，很讓人感慨。

齊瓦勃出生在美國鄉村，父母的收入很微薄，因此齊瓦勃只受過很短的學校教育。十八歲時，齊瓦勃來到鋼鐵大王卡內基所屬的一個建築工地打工，每天都做著薪水低，且又髒又累的工作。當其他人在抱怨薪水太低而消極怠工的時候，齊瓦勃卻默默地累積工作經驗，並自學建築知識。

一天晚上，同伴們又聚在一起喝酒時，齊瓦勃卻在角落裡看書。那天恰巧公司經理到員工宿舍辦點事情，經理看了看齊瓦勃手中的書，又翻了翻他的筆記本，什麼也沒說就走了。

第二天，公司經理把齊瓦勃叫到辦公室，問：「你看那些書有什麼用？」

齊瓦勃說：「我想我們公司並不缺少廉價的打工者，缺少的是既有工作經驗、又有專業知識的技術人員或管理者，對嗎？」

經理點了點頭。不久，齊瓦勃就被升任為技師。

那些整天混日子的員工見到齊瓦勃升職了就諷刺他、

【名家評析】

陳白城評：怨天尤人與自怨自艾哪個更壞？怨天尤人更壞，出了事情只知道抱怨別人，不從自己身上找原因來解決問題。

順利。誠信是人格的根本，也是人際交往的基礎，所以，無信則失去自己，也失去他人，最終無法立足於社會。「自古皆有死，人無信不立」（《論語‧顏淵》），誠信與生命並重，可見人活一世，信譽第一。

「信」是儒家傳統倫理準則之一。孔子認為：信是人立身處世的基點。在《論語》書中，信的涵義有兩種：一是信任，即取得別人的信任；二是對人講信用。孔子將「信用」看得很重要，孔子說這話是有感而發的，想必是看到許多言而無信的人最終無法立足於社會，才從反面教材中總結出了這句訓言，以警醒大家。但不守信用的人實在是太普遍了，即使是孔子的弟子中也有這樣的人。

孔子的弟子公冶長能夠聽懂鳥語。一天，一隻鷂鷹落在他窗口鳴叫，他聽懂了鷂鷹在說：冶長冶長，南邊有死獐，你吃牠的肉，我吃牠的腸！公冶長跟著鷂鷹去，果然發現了獐，但他卻獨吞了獐。過幾天，鷂鷹又來告訴公冶長死獐的消息，公冶長拔腿就出了門，不久就看見前面一堆人，中間隱隱約約躺著什麼。公冶長唯恐被人搶去死獐，急呼：「諸公休得動手！……那是我打死的！」眾人立即閃開。這下公冶長傻眼了：地上躺著的，是一個死人。公冶長急忙申辯，但無濟於事，人們七手八腳把他扭送到了公堂。

翻開典籍，「曾子殺豬」，留給人們的是誠實守信，婦孺無欺的美名；而公冶長呢，言而無信，不僅遭受鷂鷹的捉弄，還引來了官司。

【名家評析】

朱熹評：大車，謂平地任載之車。輗，轅端橫木，縛軛以駕牛者。小車，謂田車、兵車、乘車。軏，轅端上曲，鈎衡以駕馬者。車無此二者，則不可以行，人而無信，亦猶是也。

　　這麼一比較，明明是守信用的人得到了好處，但現在很多人，都被背信棄義所帶來的那一點蠅頭小利沖昏了頭，好像「不騙白不騙」似的。殊不知，信譽是無價之寶。經濟的損失，將來可以賺回來；而信譽的損失，就難以彌補了。現代商業時代越來越講究信用，沒有信用的人或商家，是無法在競爭激烈的市場中得到一席容身之地的，更別提發展了。

　　當今社會，以信譽招集顧客成為許多企業共同使用的招數。誠信經營是企業獲取市場競爭力、樹立企業品牌的有效武器，也是商家們增值財富的一種長期的根本的經營理念。

　　誠信經營是國際市場經濟發展的要求，也是企業家們始終堅持的一條最基本的信條。企業要想長期發展，就應該始終以誠信為本，將誠信擺在利潤的前面，先有誠信再注重利潤，只有這樣持續的發展才能成為現實，只有實現同誠信的零距離接觸，企業才能得到長足的發展。因此，企業家應當把信用視為企業的「底線」，要用信譽去占領市場，贏得消費者。

　　人除了生活在家庭關係中之外，更多的生命時光是在與家庭關係之外的人打交道中度過的。人生交往由此而顯得廣闊、深厚、複雜，人際關係也就相應地變得多結構性、多層次性、多視角性、多方面性和多立體性。誠實不欺與知恥一樣，也是社會對人的基本的品德素質的一種要求。

　　做人也好，處世也好，為政也好，經商也好，言而有信是關鍵所在，人無信不立，我們反對那種「言過其實」、「信口開河」的許諾，我們更反對「言而無信」、「背信棄義」的醜行。讓我們以自身的實際行動，帶動大家，來反擊那些行為不守誠信的人吧！

第四十九章　毋意　毋必　毋固　毋我

【原文】

子絕①四：毋②意③，毋必④，毋固⑤，毋我⑥。

【注釋】

① 絕：無之盡者，沒有。
② 毋：《史記》作「無」；沒有。
③ 意：私意，自己的想法，猜測。
④ 必：期必，一定要得到的結果。
⑤ 固：執滯，堅持己見。
⑥ 我：私己，自私。

【譯文】

孔子沒有的四種心：沒有只顧自己的想法；沒有一定要得到的結果；沒有堅持己見；不自私、不求一己之利。

【延伸閱讀】

人生處世需要克服的四種心理問題——憑空臆測，絕對肯定，固執己見，自以為是。這四種問題在每一個人身上都

不同程度地存在著，孔子竟然可以絕對不犯，真令人敬而仰之。

　　對我們這些普通人來說，如果不能及時地認識並克服這幾個問題，那麼落得孤家寡人、山窮水盡的下場就是自然的了，甚至因此而身敗名裂、身首異處也不足為奇了。整體說來，這四種心理都是人生境界不通達的表現，都沒有實現人與人、人與物之間彼此的理解與尊重，從而陷入相互間的隔閡乃至發生衝突。

　　憑空臆測，也叫任意猜疑，就是我們生活中常說的多疑病。三國時期的曹操就是此一類的代表人物，人皆稱之「一代奸雄」。他經常犯「多疑」的毛病，曾經因為多疑，殺過朋友，殺過同事，殺過下屬。

　　曹操刺殺董卓沒有成功，就連夜化妝逃跑，當跑到中牟縣的時候就被抓住了。公堂上，曹用言語打動縣令陳宮，陳宮連官也不做了，就跟他一起逃跑。逃到成皋，忽然遇到曹操父親的一位老朋友呂伯奢，盛邀曹、陳至莊中款待。曹操聽到了磨刀的聲音，以為呂伯奢要殺他，便殺死呂氏全家，焚莊逃走。

　　我們熟知的：「寧可我負天下人，不可天下人負我」即出自此事。

　　我們常講謠言害死人，一點不錯。謠言一方面是別有用心的人捏造出來，用來害人的，另一方面還來自於自己對手下的隨意猜測和誤解。如果你對手下很信任，從不懷疑，那麼別人說什麼謠言也不重要，反而能堅定你用人的信心；但如果你本身就搖擺不定，對人持懷疑之心，那麼謠言的出現不是正中你下懷嗎？

　　中國有句古話說：害人之心不可有，防人之心不可無。這話實在是過來人的經驗之談。真正英雄人物的成功，是不

可能建立在患得患失、防人疑人、不信任他人的基礎上的。正如古話所說：疑人不用，用人不疑。

另有一些人做事死守教條，不通權變。做事有規律可循當然最好，但不是所有的規律都能夠適用於全世界。面對瞬息萬變，百般流轉的大千世界，如果還是死板固執，不通權變，不懂審時度勢，因勢利導的話，那必然陷入生存困境之中，處處碰壁。

趙括和馬謖都是頭腦很聰明的人，能把先人傳下的兵法陣式背個滾瓜爛熟，但是行動上卻是教條主義者，不懂得靈活運用，依勢而治。結果一個是長平戰敗，幾十萬將士被坑殺；一個是失守街亭，毀了西蜀，自己也弄得個身首異處的悲慘下場。

我們經常說：「不撞南牆不回頭，不到黃河心不死」。有的人，即使撞了南牆，也不回頭。

有一天，東郭先生派了三個弟子到襄陽去。當東郭先生送他們到路口時，說道：「從這兒往南走，全是暢通的大道，你們沿著這條道路走就對了，別走岔路啊！」

這三個弟子分別是左野、焦苕和南宮無忌，他們三個人向南走了五十多里時，卻遇上了一條大河，橫在老師指示的正前方。他們左右觀察了一下，發現沿河走半里左右，便有一座橋可行。

這時，南宮無忌說：「那兒有座橋，我們從那兒過河吧！」但是左野這時卻皺著眉頭說：「這怎麼行？老師要我們一直往南走啊！我們怎麼能走彎路呢？這不過是個水流罷了，沒什麼可怕的。」說完之後，三個人互相扶持，一起涉河而過，由於水流相當湍急，好幾次他們都險些葬身河底。雖然全身都濕透了，但也總算安全地過河了。

他們繼續趕路，又往南走了一百多里時，再次遇上了阻礙。這回他們遇到了一堵牆，擋住了前進的道路。這次，南宮無忌不再聽其他兩個人的意見了，他堅持地說：「我們還是繞道走吧！」

但是左野和焦苕卻固執地說：「不行，我們一定要聽老師的話，絕不違背。我們一定能無往不利的。」

　　於是，焦苕和左野朝著牆撞去，只聽見「砰」的一聲，兩個人猛烈地撞倒在地上。南宮無忌惱怒地說：「才多走半里路而已，你們為什麼不考慮呢？」左野說：「不，我就算死在這裡也不後悔，與其違背師命而苟且偷生，不如因為遵從師命而死！」

　　焦苕也附和地說：「我也是。如果違背老師的話，就是背叛者。」兩個人話一說完，便相互攙扶，奮力地往牆撞了上去，南宮無忌想擋也擋不住，於是他們兩個人就這麼撞死在牆上了。

　　所以說，「教條主義」要不得，不懂得變通的人，只能像這兩個「撞南牆」的人一樣，落得個悲慘的下場。

　　還有些人固執己見，只喜歡聽好話，喜歡那些俯首貼耳的人。這就很可怕了。因為一味生活在自己想像的小圈子裡，一味維護自己的利益而不知進退，必然將自己與外在的世界隔絕開來，甚至對立起來。那樣的後果很難想像。對自己而言，成就的是狂妄無知、自高自大；對國家而言，則是以天下為一己之私，成就的往往是暴君、貪官污吏。

　　最後我們談一下那些自以為是的人。孔子反對的是那些一心只為自己、自尊自大、自以為是、自私自利、沽名釣譽的行為和思想。一個人如果始終以自己為中心的話，那就很難理解和尊重別人，體貼萬物自然，那就必然會犯前面三者的錯誤。在如此急功近利的情緒下，人們往往會不擇手段，於是弄虛作假、沽名釣譽之類的把戲便會層出不窮了。因此，孔子在這裡談不要太自我化的問題，就是說要克服以自為我中心的思想，防止由此造成的自私狹隘、偏激固執等錯誤傾向。

　　不憑空臆測，不死守教條，不固執己見，不自以為是。對照一下，這「四冊」，你自己做到了哪些呢？**我們要能做到「有則改之，無則加勉」，基本上就能避免重複犯人生中的大錯了，也就能不斷進步，乃至成功了。**

才把湘軍水師的大旗交給他的。歷史證明，任用鮑超是曾國藩一生中因知人善任而獲得成功的一個很典型的事例。

　　為了使自己的下屬能發揮各自的才華，提高戰鬥力，曾國藩都能做到根據每個人的特長安排職位。對於很勇猛的人，就安排到軍隊中去帶兵打仗；對於很會計算的，就讓其負責籌備軍餉；對於善於發明創造的，便安排到製造局，參加造艦製炮的工作等等。曾國藩知人善任，用人用其長，在晚清成就了大批的人才。例如，李善蘭、華衡芳、徐壽是當時著名的自然科學家，俞樾成了著名的經學家，郭嵩燾成為了中國首任駐外公使，容閎成為了洋務運動的骨幹人才。

　　以上是曾國藩用人獲得成功的事例，但是在曾國藩的一生中，他也有用錯人的時候。在咸豐十年八月，曾國藩調派李元度防護徽州就是一個極大的錯誤。

　　在曾國藩的幕府中，他最賞識的除了郭嵩燾、劉蓉外，再就是李元度了。在前文中也提到過李元度對曾國藩有救命之恩。在曾國藩組建湘軍跟太平軍作戰的初期遭受多次打擊的時候，也只有李元度一個人守在他身邊。從咸豐四年到咸豐十年這六年裡是曾國藩一生中的低潮時期，身陷困境，但李元度始終不離不棄，與曾國藩一起吃苦，度過了六年多的艱難歲月。對於當時長期陷在逆境裡的曾國藩來說，李元度的這種支持與忠誠比什麼都要可貴，因此，曾國藩對李元度是極為感激的。

　　李元度學識豐富，很有才華，尤其擅長詩詞曲賦與對對子，有「神對李」之稱。他所寫的《國朝先正事略》，曾國藩評價道：「當時的學者之中沒有一個人能寫出這樣的鉅著，這部書一定會風行海內，傳之不朽」。在文學上，李元度可以說是一個天才，但他卻不擅長帶兵。如果曾國藩需要一個人陪自己吟詩作賦、陶冶性情的話，那李元度就是最合適的人選；但曾國藩沒有這麼做，他讓李元度帶兵打仗。

　　咸豐十年，曾國藩調派李元度把守徽州，交代說：「在遇到太平

軍攻城時，只可固守，不可出城決戰。」並且說：「只要不
出來應戰，肯定能守住五天，只要能守五天，就算完成了任
務。」

　　曾國藩沒有想到李元度只會紙上談兵，又好大喜功。李
元度一到徽州，就把曾國藩的話拋到了腦後，他才不願意做
縮頭烏龜呢。他不但沒有固守在城中，反而每天出城向太平
軍挑戰。太平軍將領摸清了李元度急於求戰的心理，故意避
而不戰，這使得李元度更加狂妄，於是大膽出擊，結果中了
埋伏，損失慘重。為了挽回面子，李元度輕率地打開城門，
要與太平軍決一死戰，結果一敗塗地。徽州城還沒有守到一
天就被太平軍攻佔了。徽州失守，事關重大，曾國藩只能向
朝廷上奏罷黜李元度的官職。

　　事後，曾國藩對自己錯用李元度非常後悔，正是自己
「用違其才」，毀了他一世英名。

　　用違其才，在用人上是最忌諱的。一次小小的失誤就有
可能導致整個事業的失敗。在古今中外這樣的例子有很多很
多。在三國時期，諸葛亮錯用馬謖就是一個很典型的事例。

　　馬謖熟讀兵書，是一個很有軍事謀略的人，深得諸葛亮
的賞識。在南征孟獲時，諸葛亮採納了馬謖提出的「攻心為
上，攻城為下；心戰為上，兵戰為下」的十六字方針。結果
七擒孟獲，使孟獲徹底放棄攻打蜀國的念頭，消除了來自西
南的威脅。這件事證明，馬謖真正是一個很有眼光的軍事參
謀人才。

　　但是，馬謖沒有帶兵打仗的實戰經驗，所以劉備在臨
終前曾經告誡諸葛亮：「馬謖言過其實，不可大用，你要小
心。」遺憾的是，諸葛亮並沒有聽取劉備的意見，他太偏愛
馬謖了，所以在第一次出兵祁山時，不顧眾人的反對用了馬
謖，讓馬謖當了先鋒。結果街亭一戰，蜀軍大敗，諸葛亮不

【名家評析】

　　易曰：節以制度，
不傷財，不害民。蓋侈
用則傷財，傷財必至於
害民，故愛民必先於節
用。然使之不以其時，
則力本者不獲自盡，雖
有愛人之心，而人不被
其澤矣。然此特論其所
存而已，未及為政也。
苟無是心，則雖有政，
不行焉。

就是必須學會寬以待人，留住人才。

人非聖賢，孰能無過。在工作中難免會犯一些錯誤，在這個時候如果用人者抓住他的錯誤死死不放，就有可能失去一個人才。能夠容忍他人的錯誤不但是一種美德，而且還是一種策略。

就容人的雅量而言，一般人是難以與曾國藩相比的。例如他在處理與左宗棠的關係上，就能說明這一點。

左宗棠是一個很有才華的人，做事也很有魄力，但就是個性太強，可以說是目中無人、桀驁不馴，每以諸葛亮自詡，就連曾國藩也不放在眼裡。但曾國藩從來沒有計較過這些，曾國藩很欣賞他的才華，多次向朝廷舉薦左宗棠。

咸豐九年，左宗棠因與地方官發生衝突，差點丟了性命。好在曾國藩等人極力營救，才化危為安。曾國藩還專門上了奏摺給咸豐皇帝替他說情，指出「天下不可一日無湖南，湖南一日不可無左宗棠」。經過朝廷上下數位舉足輕重的人的保舉，朝廷終於下令左宗棠「以四品京堂候補，隨同曾國藩襄辦軍務」，於是，左宗棠正式成為曾國藩的幕僚。

剛到曾府，左宗棠對於曾國藩的恩情，不但沒有絲毫的感激之情，更是事事與他作對。對於這些，曾國藩都容忍了，因為他看重的是左宗棠的才華，看重的是他的才華能為己、為國所用。

左宗棠對曾國藩的態度直到曾國藩去世之後才改變。有一天左宗棠在與幕僚聊天時，其中一個幕僚當面批評左宗棠對不起曾國藩：「曾國藩心中時刻都有先生，而先生心中從來沒有曾國藩！」左宗棠聽了後，誠心誠意地說：「你說得太對了，曾國藩生前的時候，我一直很輕視他，他去世以後，我卻非常敬重他。」左宗棠所佩服的，自然是曾國藩對他的寬容與大度。

所以在晚清才會有那麼多傑出的人才，樂意為曾國藩效力。當一個人擁有了知人的智慧、用人的誠心與容人的度量後，他的身上必定會散發出一股極為強大的感召力，使得天下英才紛紛前來投靠，發揮

才能，與他共創大業。

先賢說：「事之至難，莫如知人；事之至大，亦莫如知人。」知人實是一件難事、一件大事，從辨別一個人的言行真偽，到察覺一個人的思想境界是否高尚，中間無不滲透高深的智慧，但只要我們能熟記孔子的「視其所以，觀其所由，察其所安」，那識人又有何難呢？

一個企業、一個組織乃至一個國家的發展之要就是用人。用人的關鍵是選人，選人的關鍵是識別人。如何識別人呢？孔子識別人的三步曲為我們提供了最好的良方。

第五十二章　其身正　不令而行

【原文】

子曰：其身正①，不令②而行；其身不正，雖令不從③。

【注釋】

① 正：行為端正。

② 令：命令。

③ 從：信從。

【譯文】

孔子說：「作為統治者只要自己行為端正，公正廉明，就是不用發布命令，事情也能辦得很順利；如果他自己行為不檢點，即使發布命令，百姓也不會信從。」

【延伸閱讀】

孔子論為政之道，很講究為政者的自我表率作用，強調樹立榜樣典範、以身作則以取信於民。孔子的這一認識源於他對人生的基本看法。

孔子論人重在仁德的修養。在孔子看來，人之為人，

在於自覺承擔人生之應當的社會和家庭責任,動之以真情,曉之以理義,並以誠摯的信念和仁愛之心來溝通自己與外面世界的關係,使之達到和諧、自由的理想境界。為人如果沒有仁愛之心和誠信之情,如果不能和他人取得相互理解和信任,進而和諧共處的話,那麼必然會陷入閉塞不通,孤家寡人的孤立境地,很難成就什麼事業,更加無法實現人生的存在價值。在此基礎上,孔子講為仁由己,即修養仁德需要從自身做起,要以身作則,反思自己當下的生活,體察人生之使命,努力實現自己的理想人格。

所謂政者,正也,以仁義之道教化萬方之義。這個仁義之道是需要由自身展現出來的,否則便是空洞地說教,更是言行不一的虛偽。孔子講仁義從來都是在身體力行中論述而拒絕空泛的理論探討,原因就在於此。因此,魯哀公問孔子如何才能取信於民的時候,孔子很乾脆地告訴他,只要做君王的做事公正,無私,任用賢能,那麼老百姓自然信服;反之如果君王一味任用小人,徇私枉法,老百姓自然不會服氣。孔子也曾經說過:「只要自己行為端正了,對於治理政事還有什麼困難?假如自己行為不能端正,又怎能使別人端正呢?」

領導的「導」有引導、表率的涵義,領導者若能身體力行,發揮表率作用,則不用嚴刑苛責,下邊的人也能各行其事,無為而治,境內也沒有作奸犯科之人;如果為官之人作風不正,則雖有政令卻無人遵守,如同空文。

三國時的曹操雖然是一個亂世奸雄,但也是一位治國良臣。他在治國治軍方面深得將士、百姓尊重,因為他很懂得管理之道,正人先正己,以身作則。曹操割髮代首的典故就說明了自己制訂的規章制度,必須自己帶頭執行。

不僅是歷史名人能夠以身作則,著名的企業經營者土光

【名家評析】

林伯特說:「我們不應該一個人前進,而要吸引別人跟我們一起前進。這個試驗人人都必須做。」

第五十三章　傷人乎　不問馬

【原文】

廄①焚。子退朝，曰：「傷人乎？」不問②馬。

【注釋】

① 廄：馬棚。

② 問：詢問。

【譯文】

孔子家的馬棚失火了，孔子退朝回來，問道：「傷人了嗎？」並不問馬的損失情況。

【延伸閱讀】

通讀《論語》，我們會感受到，孔子「仁」的思想貫穿始終，後來的一些先賢哲人把孔子的思想概括為「仁學」。在《論語》二十篇中，「仁」字就出現了一百多次，說明「仁」是孔子的思想的精髓。

孔子家的馬棚失火了，損失非常嚴重，但孔子回家得知此事，第一句問的竟然不是馬的損失情況，而是傷人沒有。

217

這說明了，在孔子的眼中，「人」的價值要比任何財富，包括馬都重要的多。馬棚塌了可以再蓋，馬損失了可以再買，但人如果發生難以恢復的損傷，那是千金難換的。這種「仁者愛人」的思想放在現代，就可以運用在「以人為本」、「人性化管理」等管理人才的各個方面。

一個企業生存和發展的根本保證，歸根到柢就是：擁有大批優秀員工。「小企業做事，大企業做人。」

松下幸之助也曾經說過：「松下先培養、鍛鍊人，後生產電器。」而盛田昭夫說得更加直接明瞭：「一個企業，在經營過程中，要想獲得成功，所依靠的既不是什麼理論，更不是什麼規定，而是人！」在崇尚人本管理的今天，「企業無人則止」的理念已經深植於人心。

企業要想發展壯大，依靠的還是人，而人也最終要靠企業的發展來實現個人的價值。從這個意義上說，人即企業，企業即人。企業從初創到壯大到輝煌，離不開優秀的人才的推動。因此，企業的發展，其根本是要從培育以人為本的企業精神開始。

宏碁電腦前總裁施振榮非常推崇「人道」。他認為人都是善良的，應該發掘人性中善的一面。施振榮在待人接物時，一直提倡對人的寬容和信任，容許人有犯錯誤的機會，最難得的是，施振榮能夠讓出舞台和權力，寧願放棄自己手中重要的權力，也要給予別人施展才華的舞台，施振榮曾說：「創業三十年，我實際上是在經營人性。結果是，宏碁人才輩出，王中生王，宏碁也成長為全球企業巨頭。」

宏碁之所以能夠人才輩出，發展迅速，很重要的原因就是施振榮對於人性的超越。施振榮在宏碁推行「人性本善」的觀念，當記者問到三十多年來，他是否從未遇到過不忠甚至背叛時，施振榮說：「遇人不忠在所難免，你的籌碼就是

今天，正是許許多多優秀員工推動了企業不斷發展，而這些優秀的企業也同時造就了大批優秀的員工。這就是企業必須「以人為本」培育優秀人才的客觀理由。

　　馬棚失火，孔子首先想到的是人而不是馬，這是他重人輕物、仁者愛人思想的具體表現。如果把重人輕物思想運用在治理國家上，就要堅持人民的利益高於一切。

第五十四章　以言取人　失之宰予

【原文】

宰予晝寢①，子曰：「朽木不可雕也，糞土②之牆不可杇③也，於予與何誅④！」子曰：「始吾於人也，聽其言而信其行；今吾於人也，聽其言而觀其行。於予與改是。」

【注釋】

① 晝寢：大白天躺在床上休息。

② 糞土：污泥。糞，污穢。

③ 杇：同「圬」，音ㄨ，粉刷。

④ 誅：以言相責。於予與何誅，於予何誅與。與，語助詞，無義。

【譯文】

宰予白天睡覺，孔子說：「腐爛了的木頭無法雕刻，糞土一般的牆壁無法粉刷。對於宰予還有什麼值得指責的呢？」孔子又說：「起初我對別人，聽了他說的話，便相信他的行為；現在我對別人，聽了他的話，還要考察他的行為。從宰予的事情中，我改變了以前的態度。」

【延伸閱讀】

　　孔子有一個弟子叫宰予，他很會說話，以言詞著稱。孔子曾經列了「德行、言語、政事、文學」四個排行榜，宰予列於「言語」榜。但宰予的品德卻算不上高尚，他曾經嫌服喪三年的時間太長向孔子抱怨，惹得孔子罵他「不仁」；又熱中於做官，後來到齊國為臨淄大夫，與高官田常合夥作亂，陰謀反叛朝廷，結果被滿門抄斬，孔子為他感到恥辱。

　　大白天，同學們都在認真讀書學習，而宰予卻在睡大覺。孔子很生氣，說：「腐爛了的木頭沒辦法雕刻，糞土似的牆壁沒辦法粉刷。對於這個宰予，我還能說什麼？」又說：「最初，我聽到人家說的話，就相信他的行為。今天我聽了人家的話，還要看他的行動。是宰予的表現，讓我改變了自己從前的做法啊！」

　　孔子為什麼生這麼大氣呢？就是宰予雖然話說得很漂亮，但行為不符，實際上欺騙了孔子。孔子之所以「聽其言而信其行」，並不是說孔子笨或愚蠢，而是孔子對每個人都很信任，相信「人性本善」，但沒想到就是這個宰予，辜負了孔子的信任，欺騙自己的老師，既無信，又對師長不敬，所以孔子才這麼生氣。

　　從這件事中，孔子也悟出了一個道理：「**耳聽為虛，眼見為實。**」不管你是什麼人，不管你話說得多麼好聽，哪怕是舌粲蓮花，也得看看你的行動，再決定相信不相信你。

　　在另外的一個場合，孔子也重述過這個道理，只不過換了個說法。孔子曾經說過：「如果有一個人令眾人都討厭的話，那麼你對他不要輕下結論，需要審查一下實情。如果有一個人令眾人都喜歡的話，那麼你也不要輕下結論，需要好好調查一下他的本來面目。」這再次說明了「耳聽為虛，眼

【名家評析】 ●　●　●

　　孟子評：眾惡之，必察焉；眾好之，必察焉。

見為實」的重要性。如果未經查驗，盲目相信別人說的話，很有可能釀成大禍。

當年劉邦打天下時，本來準備委任陳平重任，結果部下有人向他打小報告，說陳平這個人行事作風有問題，並且以權謀私。經過一番實際調查後，得出的結論是「並無此事」。兩個人溝通後，達成相互的諒解，陳平重新得到信任。後來他六出奇計，幫助劉邦安定天下。

雖然是「耳聽為虛，眼見為實」，但也要提防，有的時候「耳聽為虛」，「眼見未必為實」，還必須加以思考，否則的話，再「明亮」的眼睛也有靠不住的時候。

孔子帶弟子周遊列國時，生活極其艱苦，經常沒有飯吃。好在弟子子貢侍奉勤謹，四處乞討，困於陳蔡之間，生活艱辛，常常吃了上頓沒下頓。有一日，又沒米下鍋了。虧得子貢向鄉人四處討求，討得一些米來。弟子顏回便急忙生火做飯。子貢討米辛苦，躺著休息了一會兒，饑腸轆轆，躺不住，便上井邊喝水。此時一股飯香飄來，子貢不由向顏回做飯處望望，卻見顏回從飯鍋裡迅速抓了一把，塞入口中。子貢好不生氣，便來向孔子告狀，說：「真是知人知面不知心，平日看不出，一到困苦時就露餡兒了。」孔子疑惑道：「真有此事？」子貢說：「我親眼所見，絕對不會錯。」要換了別人，可能就會勃然大怒，把顏回叫來狠狠罵一頓。可是孔子不會如此魯莽，他在思考子貢是否真的看清楚了。於是他勸子貢莫輕下結論，待自己了解後再說。

一會兒，顏回來請孔子去吃飯。孔子說道：「方才我打了個盹兒，夢見先父。他是要來保佑我吧！因此我想先拿這飯來祭祀先父。不過，不知這飯你動過了沒有？動過的飯是不能用來祭祀的。」

顏回急忙搖手說道：「老師，千萬不能用這飯祭祀。適

【名家評析】

司馬遷評：孺子不可教也。

才煮飯時，恰有黑灰落在飯上，不管它吧，不乾淨；想扔了吧，又可惜。我就把那塊沾灰的飯抓起來吃了。」子貢這才知道自己冤枉了顏回，好不慚愧。

　　對於孔子來說，這件事，他沒有偏聽子貢的話，雖然是起了疑心，但終究試探了一番，明白了真相，縱然稍稍慚愧，但幸好沒犯大錯，「耳聽為虛，眼見為實」的準則還是遵守了。但對於子貢來說，行為就有點魯莽了，「眼見未必為實」，他只相信自己所見，就跑去告狀，未免太武斷了。所以說，**有的時候，看到的事情，也不能臆測，也需要用心去分析。**

　　做任何事，都應該遵循「耳聽為虛，眼見為實」的原則，要先調查仔細，等事情弄清楚，再下結論也不遲。至於說重大的決策事宜，就更不能馬虎了。不僅要「耳聽為虛，眼見為實」，還需要把事情的起因結果、來龍去脈都調查核實清楚，才能做決定如何處理。不然的話，所造成的損失和傷害，不僅有物質上，也有精神上的，這就遠遠不是金錢所能彌補的。

第五十五章　根也欲　焉得剛

【原文】

　　子曰：「吾未見剛①者。」或對曰：「申根②。」子曰：「根也欲③，焉得剛？」

【注釋】

①　剛：剛強。

②　申根：字周，春秋時魯國人，精通六藝，孔子七十二賢之一。唐開元二十七年（西元739年）追封為「魯伯」，宋大中祥符二年（西元1009年）封為「文登侯」，明嘉靖九年（西元1530年）封為先賢。

③　欲：貪欲。

【譯文】

　　孔子感慨地說：「我沒有見過剛強的人。」有人回答說：「申根就是這樣的人。」孔子說：「申根貪欲太多，怎麼可能剛強呢？」

【譯文】

　　陽貨想讓孔子去拜見他，孔子不去拜見他。他就送給孔子一隻乳豬。孔子等到他不在家的時候，去回拜他。不巧和他在路上相遇了，他對孔子說：「來！我和你談一談。」他接著說：「自己藏著一身的本領，卻聽任國家一片迷亂，這能叫作仁嗎？」他自問自答說：「不能。」「自己喜歡做官卻屢次錯過機會，這能叫作智嗎？」又自答說：「不能。」「時光在流逝，歲月不等人啊！」孔子說：「好吧！我準備做官了。」

【延伸閱讀】

　　讀《論語》不能不仔細領悟孔子的通權達變的思想，這一思想展現在求仕、事君主、奉父母、待友朋等多個方面，以及政治制度改良、歷史人物之評判等領域。研究孔子的通權達變思想，對於正確把握孔子思想的全部精髓具有重要意義。

　　陽貨是魯國權臣季氏的家臣，季氏大擺筵席宴請士人時，當時陽貨看不起孔子，曾讓他吃了個閉門羹，後來孔子成了學識淵博、聞名遐邇的名人，在大家都開始敬重他的時候，陽貨又厚著臉皮跑過來巴結。

　　陽貨這人架子大，不想低三下四親自去請孔子，而是想讓孔子來拜訪他。而孔子根本就不理他這一套。於是，陽貨送給孔子一隻烤乳豬，根據當時的禮節，大夫送東西給士，如果士沒有親自在家領受，就得回拜還禮。孔子也很聰明，想趁著陽貨不在家的時候回拜，這樣既守了「禮」，也沒得罪陽貨。可惜計畫趕不上變化，他們倆不巧在路上碰到了。陽貨自問自答，要孔子出來做官，其實就是想要利用孔子的

【名家評析】

　　蔡元培評：經為原則，權為變通。平常要按照常規做事情，叫作守經，非常時期，就要有突破性的作法，叫作權變。權不離經，如果你一直變，變到連原則都變掉了，就成了離經叛道，是違反原則的，這不叫變而叫反。

名望。孔子如果當面拒絕了，肯定是給陽貨難堪，或許還要面臨殺身之禍。於是孔子就敷衍了他一句：「好吧，我準備做官了。」但後來的事實證明孔子並沒有做陽貨的官，早早離開魯國了。

我們可以從這件事中得出這樣一個啟示：要有原則，更要靈活，這正是變通之術。同時也反映了孔子「毋必毋固」，通權達變的思想。原則是必須堅持的，但不知變通，刻板地死守原則，就會把原則變成僵化的教條。正如孟子對孔子的讚美：「可以仕則仕，可以止則止，可以久則久，可從速則速。」只有「義」是唯一的標準。所以，孔子被稱為「聖之時」，是識時務的聖人。

孔子曾經說過：「君子對於天下的事，沒規定怎麼做，也沒規定不要怎麼做，只要合理恰當，就可以做。」說得通俗一點，也就是凡事要採取一種靈活灑脫的態度，只要是不違背大原則，先一點後一點，左一點右一點，無關宏旨，不傷大雅，也就無可無不可了。這也是「要有原則，更要靈活」變通之術的具體表現。

孔子一生遭遇險境與侮辱，卻每次都能死裡逃生，並化侮辱為動力，歸根結柢在於他不死要面子、不死板，是一個極懂得變通的人。

有一次，孔子被圍困在陳國與蔡國之間，整整十天沒有飯吃，有時連野菜湯也喝不上。學生子路偷來了一隻煮熟的小豬，孔子不管肉的來路不明，拿起來就吃；子路又搶了別人的衣服來換了酒，孔子也不問酒是怎麼得來的，端起來就喝。可是，等到魯哀公迎接他時，孔子卻顯出正人君子的風度，蓆子擺不正不坐，肉割不正不吃。子路便問：「先生為什麼現在與陳、蔡受困時不一樣了呀？」孔子答道：「以前我那樣做是為了偷生，今天我這樣做是為了講義呀！」

傳說，孔子當年被圍困在陳國與蔡國之間，弟子去向當地富人求食。富人一聽是孔子的徒弟在討飯，就寫一「真」字，讓他說是什麼字。弟子一看說是個真字，可是富人堅持說不對，不給食物。孔子聽弟子說完，就過去回說：「直八。」富人連呼：「厲害厲害，果然是大師。」弟子疑惑，明明不是真嗎？孔子說，「認真，認真我們就不

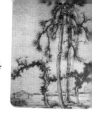

該討飯了，現在就是認不得真的時候啊！」

　　還有一次，孔子與弟子雲遊到了鄭國，被當地反對儒學的一個權貴抓住，要求他們立刻離開鄭地，並且保證再也不傳授儒學，不然殺頭。弟子都很為難，只見孔子毫不含糊地當場保證，而後立刻上路。但當他們一離開鄭，就馬上著手進行講學事宜。弟子很不了解地問老師：「老師不是教我們講誠實信用嗎？既然已經保證了不再講學還──」孔子啞然笑了：「請問儒學有沒有錯？沒有，那麼鄭人的要求就是無理的，對無理之人就應該用無理的辦法，那與無理之人約定就不必認真了。」

　　孔子講授儒家學說，不是拘囿於死板的說教而是靈活運用，孔子學說的核心是仁，孔子講究君子之風，以誠信為本。但是在不該講、無條件講的時候他絕不死要面子活受罪，可謂達到了堅持原則性和靈活性的巧絕運用，所以他是閃耀兩千多年的聖人。

　　「亞聖」孟子也提倡靈活變通，反對「教條主義」，他說：管理者不能像一般人那樣言必信，行必果，要看那樣做是否適宜，錯了就要改，對的就要堅持。否則情況變化了，那就會重犯「尾生之信」的錯誤了。

　　古代一個叫尾生的男子與一個女子在橋下約會，尾生先到了，在那裡等。結果女子沒等到，卻把洪水等來了。水位越來越高，久久不去。尾生為了不失信於人，便抱著橋柱子繼續等，直到最後被活活淹死。

　　姑且不論那個女子的問題，單就尾生這個人的作法實在是愚鈍的可以。這固然是守信了，但並不合乎道義，盲目守信頗為不值，死得冤枉。

　　從古至今，人們就很重視變通，並運用變通的智慧擺脫了各種不利局面，獲得了種種成就。事實上，在生活中我們

【名家評析】●●●

　　保羅說：墨守成規乃成功的絆腳石，真正成功的人，本質上流著叛逆的血。

每個人都會遇到各種各樣的人和事，面臨著各種複雜的人際關係，如果一味地剛直，一味地嫉惡如仇，不僅待不好人，處不好事，自己也將受到傷害。所以，有時候來一點虛與尾蛇，周旋應付應付也未必就是老於世故，虛假取巧。關鍵是要看你對什麼人，對什麼事。如果毫無原則地一律虛與尾蛇，那當然就是另外一回事了。而如果我們運用假意周旋的智謀去對付那些不懷好意者，並保全自己，那便是一種智慧。

變通之法就像古語所云：「兵無常勢，水無常形」，處理各種事物時都要能夠做到隨機應變，因勢利導，因地制宜，不墨守成規，不拘泥於一格，甚至逢大勢不踐小諾，處大事不拘小禮，從而達到變則通，通則靈，靈則達，達則成的理想效果。

現實社會是一個變化莫測的社會，如果一個人不能隨著形勢的變化而變化，勢必會落伍，甚而處處碰壁，而被社會所淘汰。反之，一個人能夠識時務，順應時事，遇事善於靈活變通，擇勢而為，那麼他一定能夠在社會中游刃有餘。只有善於變通，勇於擇勢而為，才能更好地適應當今社會的競爭。

「愚」，其實是裝愚，是聰明的表現。

　　還有一種情況，就是在平日處世做人時，也不妨「愚」一點。這個「愚」，是相對於為名利而工於心計、動歪腦子佔小便宜以及好炫耀賣弄一類的「聰明」而言的。

　　做人處世，難得糊塗。人的弱點，就是在為個人的謀劃上太聰明，結果常常是「聰明反被聰明誤」。不如「愚」一點，糊塗一點，不斤斤計較個人得失，不總想走歪門邪道，不為名利地位操心勞神，凡事但求心裡安穩。如能做到這樣，我們就能減少許多煩惱，就能擁有一個既踏實又快樂的人生。

　　「其知可及也，其愚不可及也。」孔子的話，的確是意味深長的。

第五十八章　非敢後也　馬不進也

【原文】

子曰：孟之反不伐①，奔而殿②，將入門，策其馬，曰：「非敢後也，馬不進③也。」

【注釋】

① 伐：誇耀。
② 殿：走在最後。
③ 進：快跑。

【譯文】

孔子說：「孟之反不誇耀自己。他在軍隊潰敗時走在最後，掩護全軍，將進城門，便鞭打著自己的馬，說：『不是我敢走在最後，是我的馬不肯快跑。』」

【延伸閱讀】

西元前484年，魯國與齊國打仗。魯國在戰敗退軍的時候，將領孟之反在最後掩護敗退的魯軍，卻不居功。這件事，孔子給予了高度評價，宣揚他提出的「功不獨居，過不

推諉」的學說，認為這是人的美德之一。

　　《論語》所以要把這一段編入其中，目的是要藉孟之反的不居功，反映出春秋時代人事紛爭之亂的可怕。實際上，人事紛爭在任何時代、任何場所都是存在的。坦白地說，在一個地方做事，成績表現好一點，就會引起各方面的嫉妒、排擠；成績不好呢？又遭人貶斥。當時魯國人事上也是這種情形，孟之反善於立身自處，所以孔子標榜他「功不獨居，過不推諉」。

　　而且孟之反不但自己不居功，而且免除了同事間無謂的妒忌，以免損及國家。古人說：「能受天磨真鐵漢，不遭人忌是庸才。」這種人即使為國家君王立下大功，也不自居其成，不居功是一種不平凡的智慧。

　　除了孟之反的故事，我們再來看一個故事。

　　從前，楚國將軍子發統帥三軍攻打下了蔡國。當他凱旋的時候，楚宣王親自到郊外迎接，並賞賜給他土地百頃和最高的爵位，但是子發卻堅絕不接受這些賞賜。

　　楚宣王十分奇怪地問道：「將軍為什麼不接受寡人的賞賜，難道是嫌寡人的賞賜太輕了嗎？配不上將軍的功勳？」

　　子發說：「大王，您的賞賜太厚重了，我承受不起啊！。」

　　楚宣王問：「將軍有什麼顧慮嗎？」

　　子發說：「臣自知功勞太小，不足以擔當如此賞賜。」

　　楚宣王說：「將軍連年率軍東征西戰，屢戰屢勝，為我們楚國立下了汗馬功勞。這樣的功勞還不夠高嗎？」

　　子發說：「如今我們國家，國富民強，人們能過上安定的生活，這是君主您的功勞；行軍打仗，發號施令，我們軍隊還沒有到達，敵人就望風而逃，這都是將領們的功勞；士兵們在戰場上，奮勇殺敵，戰勝敵人，這是士兵們的功勞。

【名家評析】

　　胡氏評：反即莊周所稱孟之反者是也。伐，誇功也。奔，敗走也。軍後曰殿。策，鞭也。戰敗而還，以後為功。反奔而殿，故以此言自揜其功也。事在哀公十一年。

楚國軍隊屢戰屢勝，這都是大家的功勞。沒有大家的支持，我又怎麼能率領軍隊屢戰屢勝呢？利用大家的功勞為我個人謀取功名富貴，這不是仁人之道。」

楚宣王說：「說得真好啊！」

後來，莊子的弟子聽說了這件事，問：「楚宣王用最高的爵位賞賜子發，子發為何不接受呢？」

莊子說：「大功告成而不居，正是因為不居功，才能確保功業永存，這才是為臣之道。你們要記住。」

這個故事給我們以人生的啟示，作臣下的最忌諱自伐其功，自矜其能。凡是這種人，十有九個要遭到猜忌而沒有好下場。為臣下者不以功自居，堅守舊有的正道，不獨佔利益，不自誇，謹慎做事，正是免禍保身屢試不爽的法寶。所以，在下者對在上者，切忌以功自居，「無成」才能有成，這就是人生的法則。

如果我們再進一步深思這個問題時，我們可以看到，正因為一個人不居功，所以那個勞才無法從他身上拿走。如果你居功，那麼你的功可以被駁倒；如果你不居功，那麼你的功勞，它根本沒有提出過，怎麼可能被駁倒呢？如果你真正保持沒有任何要求的話，不要求任何榮譽、聲望、名分、成功，多找找自己的責任，那麼實際上的成功、勝利，就產生在不居功裡。

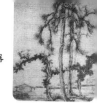

第五十九章　工欲善其事　必先利其器

【原文】

子貢問為仁①。子曰：「工欲善其事，必先利②其器③。居是邦也，事其大夫之賢者，友④其士之仁者。」

【注釋】

① 仁：推行仁德。
② 利：使其鋒利。
③ 器：工具。
④ 友：以……為友。

【譯文】

子貢問孔子如何推行仁德。孔子對他說：「工匠要想完成好他的本職工作，必須先把他的工具準備好。我們住在一個國家裡，就要先侍奉大夫們裡頭的賢人，交結士人中的仁人。」

【延伸閱讀】

大夫，是朝廷官員。士，是有一定社會地位的知識份

子。孔子是用這句話來說明推行仁的方法，要先交往大夫中的賢者，士人中的仁者。如同工人做工一樣，推行仁也是一項工作，當然是更偉大的工作。

孔子一生棲棲惶惶奔走列國，為的就是推行自己仁的主張，所謂「一日克己復禮，天下歸仁焉」。（《論語‧顏淵》）意思是：一旦人人都能約束自身使言行合乎禮，天下就歸依仁了。而最有力量幫助自己推行仁的，是掌權的人和有地位的人。孔子認為，「工欲善其事，必先利其器」，工人若想做好他的工作，一定要先改善他的工具。為了更好地推進自己仁的事業，需要尋找「利器」相助，也就是尋求「貴人」的相助。

有人可能會說，這是在曲解孔子。孔子特立獨行，怎麼會有這樣「庸俗」的觀點呢？庸俗嗎？不，這正是孔子務實精神的展現，也是孔子總結出的一條成功經驗。孔子一生中磨難頗多，但也多次由於「貴人」的相助，做成了一些原本困難的事情。

孔子年輕時，對周禮十分仰慕，非常想到周朝的都城洛陽觀禮，可苦於財力，一直去不了。這時有一個叫南宮敬叔的世家子弟，也是朝廷大夫，在魯君面前請求「與孔子一道去觀周禮」。魯君便特批給一輛車，兩匹馬，一個童僕，使孔子得以完成夙願。孔子觀周禮後回到魯國，聲望大增，四方各國前來向孔子求師學禮的人不斷增加。

為了這件事，孔子十分感謝南宮敬叔之助，說：自從南宮敬叔使我有車去觀禮，我的「道」走得更快了。這個「道」，既指道路，又指學問事業，語帶雙關。

後來，孔子周遊列國。在齊國，有大夫高昭子引薦。在衛國，有大夫顏濁鄒接待並引薦，使孔子很快受到衛靈公的禮遇。在陳國，孔子得到大夫司城貞子相助。孔子在外十幾

【名家評析】

孟子評：智者當借力而行，慧者運力而動。

244

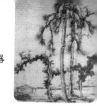

年，在衛國居住時間最長，一直得到衛國老資格的大夫蘧伯玉的幫助……

孔子為什麼能夠得到南宮敬叔的相助？這是因為孔子早就以他的好學知禮博得了南宮敬叔父親、魯國大夫孟僖子的好感。孟僖子臨終時，特地囑咐兒子去拜孔子為師學禮。當南宮敬叔知道了孔子想觀周禮而困於財的情況後，便伸出了援手。如果孔子不學無術，人品差勁，他就是找人搭關係、請客送禮，南宮敬叔也不會理他的。

有這些「貴人」相助，才使孔子能夠有機會向各國君主直接陳述自己的主張，也才能在十幾年的奔波中，雖然困難重重，卻終於能堅持下來。正基於親身的體會，孔子告訴子貢，如要「為仁」成功，就需要結交賢能大夫和有仁德的士人，也就是說，要有「貴人」相助。

的確，有「貴人」相助，可以減少前進道路上的阻力，大大促進自己事業的成功。

唐代大詩人李白在三十歲時，雖然極富才學，但名氣不足。於是他向荊州刺史韓朝宗投書，自我推薦，希望得到韓荊州的鼎力相助。李白在這篇著名的《與韓荊州書》中寫道：「生不用封萬戶侯，但願一識韓荊州。」後來他果然得到了韓荊州的賞識，從此名聲大振。

白居易在首都長安的時候，生活很窘迫，詩文雖好，但沒有出路，沒有人賞識，連考試都沒有資格參加。後來白居易在朋友的指點下去看一位老前輩顧況，將自己的作品給他看，希望他提提意見，這位老前輩接見了白居易，先不看作品，問他：「你住在長安啊？長安居大不易！」這句有名的話，代表一個國家的首都，生活高，消費大，他對白居易講這話，包含有教訓的意思。但看到白居易的「離離原上草，一歲一枯榮，野火燒不盡，春風吹又生」這首詩，非常欣

賞，認為這個年輕人有資格住在長安。於是為白居易向朝廷保薦，參加了考試，這些史實都說明了孔子這裡告訴子貢的話，任何一個時代都是如此。

現代社會，無論是在商界、政界、還是演藝界，由於有「貴人」相助而成功的事例不勝枚舉。例如，電影明星鞏俐、章子怡一舉成名，事業有成，固然有她們自己的努力和天賦，但與張藝謀這位世界級大導演的相助也是分不開的。

應該承認，一個人能不能得到「貴人」相助，有很多偶然因素。但有一點是可以肯定的，就是能不能得遇「貴人」，與你自身的為人處世有很大的關係。

孔子每到一國，都能了解到那個國家的政治情況。有人問子貢，孔子是怎麼了解到的？子貢回答，孔子是靠「溫、良、恭、儉、讓」了解到的。就是說，由於孔子溫和、善良、待人恭敬、節儉、謙讓，所以常能得到別人的主動幫助。孔子周遊列國，得到了許多「貴人」相助，是與孔子具有溫良恭儉讓的美德密不可分的。

其實，人這一生中，有許多與「貴人」相遇的機會。但如果我們不具備溫良恭儉的品質，我們就會與「貴人」失之交臂。反之，我們就非常有可能得到「貴人」相助，而且是你意想不到的主動的、慷慨的相助。

「工欲善其事，必先利其器。」你要獲得成功和幸福嗎？那麼先磨礪你的品德吧！生活不會虧待你，慷慨的「貴人」自會來助你。

組成部分向子貢推薦。

　　而「己所不欲，勿施於人」的「恕道」，孔子作為終生奉行的座右銘推薦給他的高材生子貢。人們遇事常說：「將心比心」。又說：「人心都是肉長的。」這實際上正是在推行「己所不欲，勿施於人」的恕道。問題在於，世道人心，每每是反其道而行之。一般人恰好是自己不想做的事就想讓別人去做；自己不想要的東西就巴不得丟給別人。相反，自己想做的事，自己鍾愛的東西，就不那麼願意與別人分享了。之所以會如此，其基本原因在於凡事都很少為他人著想，而是只為自己，說到底還是一個私字在作怪。

　　其實，我們還看到，在《論語‧公冶長》篇裡，子貢自己曾經說過：「我不欲人之加諸我也，吾亦欲無加諸人」，意思是我不把自己的意願強加給別人，同時也不希望別人把他的意願強加給自己，這正是「己所不欲，勿施於人」的意思。當即孔子就說：「子貢啊，這不是你做到了的。」可這裡又要子貢終身這樣做。這一方面說明「己所不欲，勿施於人」很重要，另一方面又說明它的確很難做到，就是連孔子的高足之一子貢也如此。

　　下面來看兩個小故事，試著從中體悟點道理。

　　三國時，呂布起初與劉備很要好，後來發生了矛盾。呂布就讓名士袁渙寫信去罵劉備，袁渙不屑於幹這種差事。呂布幾次要求他都沒有用，惱火起來用刀架在袁渙的脖子上說，再不寫就殺了他。袁渙坦然而笑道：「我只聽說以德羞人的，沒有聽說以辱罵折磨人的。如果說劉備是君子，就不會由於將軍的辱罵而感到羞恥；如果他是小人，就一定會用同樣的辦法來回報你，那麼辱罵就會落到你頭上。而且，我說不定哪一天也會為劉備效力，如果也像今天給將軍效力一樣，假若我一離開將軍，就來辱罵你，行不行呢？」呂布聽

【名家評析】

　　朱熹謂：無者自然而然，勿者禁止之謂，此所以為仁恕之別。

251

了這一番話後，想想就作罷了。

　　以上說的是呂布不懂「己所不欲，勿施於人」的道理而碰壁，下面說的故事主角雖然只是一個縣令，卻是深深領悟這八字真言，活學活用。

　　戰國時，梁國與楚國交界，兩國在邊境上各設界亭，派兵把守，亭卒們也都在各自的地界裡種了西瓜。梁亭的亭卒勤勞，鋤草澆水，瓜秧長勢極好，而楚亭的亭卒懶惰，對瓜事很少過問，瓜秧又瘦又弱，與對面瓜田的長勢簡直不能相比。楚人死要面子，在一個無月之夜，偷跑過去把梁亭的瓜秧全部拔了。梁亭的人第二天發現後，非常氣憤，報告縣令宋就，說：「我們也過去把他們的瓜秧都拔掉吧！」宋就聽了以後，對梁亭的人說：「楚亭的人這樣做當然是很卑鄙的，可是，我們明明不願他們扯斷我們的瓜秧，那麼為什麼再反過去拉斷人家的瓜秧？別人不對，我們再跟著學，那就太狹隘了。你們聽我的話，從今天起，每天晚上去給他們的瓜秧澆水，讓他們的瓜秧長得好，而且，你們這樣做，一定不可以讓他們知道。」

　　梁亭的人聽了宋就的話後覺得有道理，於是就照辦了。楚亭的人發現自己的瓜秧長勢一天好似一天，仔細觀察，發現每天早上地都被人澆過了，而且是梁亭的人在黑夜裡悄悄為他們澆的。楚國的邊縣縣令聽到亭卒們的報告後，感到非常慚愧又非常敬佩，於是把這事報告給了楚王。楚王聽說後，也感於梁國人修睦邊部的誠心，特備重禮送梁王，既以示自責，也以示酬謝，結果這一對敵國成了很好的友鄰。

　　呂布雖然勇猛善戰，號稱「三國武將第一人」，但他的個人修養和道德水準，甚至還不如一個小小的縣令，所以最後才落得個身首異處的結果。這就是不能做到「己所不欲，勿施於人」的慘痛教訓。

　　現實的情況告訴我們，「己所不欲，勿施於人」是一個基本態度，它講的是一個普遍的價值觀。我們都不喜歡朋友利用我們，那我們也不要去利用朋友；我們都討厭別人說謊，那我們也不要說謊；我們不喜歡別人批評我們，我們也不要妄自批評人家；我們不喜歡朋友

看輕我們，我們也不要看輕朋友……

　　「己所不欲，勿施於人」，以仁恕之道推及他人，與人方便，自己方便，可以使人有個寬廣的胸懷，容忍別人的過失。同時，也可以不因別人合理的指責而遷怒別人，達到人際關係的和諧。

　　堅持「己所不欲，勿施於人」，才能與人和睦相處，用心地對待每個人，用心去了解每位朋友的想法和喜好，才能贏得真誠友誼。

第六十二章　過猶不及

【原文】

子貢問：「師與商①也孰賢？」子曰：「師也過②，商也不及③。」曰：「然則師愈④與⑤？」子曰：「過猶不及⑥。」

【注釋】

① 師與商：師，顓孫師，即子張。商，卜商，即子夏。

② 過：做得過度。

③ 不及：做得不足。

④ 愈：勝過，強一些。

⑤ 與：音「ㄩˊ」，同「歟」。置於句末，表示疑問、反詰的語氣。

⑥ 過猶不及：猶，如同。指要做得恰如其分，適得其中。

【譯文】

子貢問孔子：「子張和子夏誰比較賢能？」孔子說：

　　所以，做事要掌握分寸，把持尺度，杜絕不顧分寸盲目亂做的思想和行為。萬事之理，事盛則衰，物極必反，恰到好處則是不偏不倚的中和。

　　圓滿的人生境界，要像擊劍選手一樣，有進有退。怎樣進攻？何時退讓？其中可大有學問，我們必須提升自我的智慧，才能真正體會「進退有道」的奧妙所在和無窮妙用。

【名家評析】

　　南懷瑾評：人生當中最難把握的兩個字就是「分寸」。分寸就是尺度，就是規矩。

第六十三章　非祭肉不拜

【原文】

子曰：朋友之饋①，雖車馬，非祭肉不拜②。

【注釋】

① 饋：饋贈。
② 拜：接受。

【譯文】

孔子說：「朋友饋贈物品，即使是車馬，不是祭肉，我也是不接受的。」

【延伸閱讀】

孔子的朋友因為得病死了，不知道是他根本沒有親戚，還是親戚們都不願意管，總之，他的後事沒著落。

在古代，是很重視殯葬之「禮」的，一個人不能入土為安，是件很悽慘的事，要不然古代怎麼會有那麼多的人「賣身葬父」——寧可自賣自身，也要把親人下葬呢！在這緊要關頭，孔子說話了：喪事我管吧。眾所周知，辦喪事要花很

「這個縣裡住著你曾經一個叫音夫的朋友，我們何不在他的舍下休息片刻，順便等待後面的車輛呢？」

文子說：「我曾經喜歡音樂，此人給我送來鳴琴；我愛好佩玉，此人給我送來玉環。他這樣迎合我的愛好，是為了得到我對他的好感。這樣的人，會為了得到別人的好感，而出賣我。我們還是不要去找他了」

於是他沒有停留，匆匆離去。結果，那個人果然扣留了文子後面的兩輛車馬，把他們獻給了自己的國君。

王舒、燕王、音夫在友與利的選擇上都看重後者，在他們眼裡情義二字不值分文，而且會成為自己的障礙，此一時彼一時，此時的他們只是必欲除友而後快了。實際上一個人是不是可以相交成為朋友，不可以等到大事當前再去判斷，而應在平常的小事中就注意觀察，識人於微。

忠誠的朋友給你帶來的是忠誠於責任，在你任何時候需要幫助，你都可以向他發出求救的信號。很注重培養友誼的人，自身具有一顆善良、正直、無私的心，能與朋友一起同生死、共患難。我們的身邊朋友很多，不能祈盼有什麼苦難來考驗我們的朋友，但是相信一旦你有危難，你身邊的朋友肯定會有離你而去的，在困難面前，很多人喪失了對朋友的忠誠，拋棄了友誼。如果你自己或者別人有這樣的經歷，你可要遠離這種人。

我們周圍有些人被別人譽為「八面玲瓏」、「長袖善舞」，做公關的一把好手，和誰都能套交情，這種人不但很會說話，也很擅長察言觀色，專挑好聽的話說，能讓人飄飄忘乎其所以然。這種人表面上看也好像很誠意，其實心裡想的完全不是那回事。由於他從不悖逆別人的意見，總是做「好好先生」，所以很容易給初相識的人好感。只是一旦深入交往了之後，你很快就會發覺這種人根本不值得信賴，他從來不說令人不悅的話，

有知心朋友的人，遇到坎坷挫折和失意都不會感到孤立，知心

朋友會在任何時候理解和支持你。因此,考察一個人(也可以是你自己)在困境裡的友情,就可以依此客觀的評價確定是否值得與之交友。

第六十五章　是可忍　孰不可忍

【原文】

孔子謂季氏「：八佾舞[1]於庭，是[2]可忍也，孰[3]不可忍也？」

【注釋】

① 舞：舞蹈；跳舞。

② 是：這樣。

③ 孰：疑問代詞，還有什麼。

【譯文】

孔子說：「八佾（一ㄟ）都在自己家裡舞起來了，如果這我們都能忍耐下去，還有什麼不能容忍他去做的呢！」

【延伸閱讀】

春秋末期，奴隸制社會處於土崩瓦解、禮崩樂壞的過程中，違犯周禮、犯上作亂的事情時有發生，這是封建制代替奴隸制過程中的必然表現。季孫氏用八佾舞於庭院，是典型的破壞周禮的行為。對此，孔子表現出極大的憤慨，怒吼一

【名家評析】

范氏曰：樂舞之數，自上而下，降殺以兩而已，故兩之間，不可以毫髮僭差也。孔子為政，先正禮樂，則季氏之罪不容誅矣。

聲「是可忍也，孰不可忍也。」但是，在一個政局混亂的時代，遇到這樣的事，不忍，又有什麼辦法呢？在忍耐中尋求機會，才是明智之舉。

善於忍耐的人總是不計較一時的得與失，而是把宏大的目標放在未來。曾國藩為人處世善忍，他認為，各種各樣的對自己不利的流言蜚語，哪怕是打擊、迫害都沒有什麼可怕的，只要能夠在不利因素面前做到鎮定自如，忍耐一下，就能找到化不利為有利的方式，就能做到轉敗為勝。

人生不可能是一帆風順的，總會遇到很多不如意的事情。生活中有時發生的一些事情甚至可以把人逼入絕境。但這就是人生，我們誰也逃避不了。能夠在流言蜚語面前學會忍耐，能夠在困境面前學會忍耐，靜心思考，想出另外一條出路，你才能從流言與困境中走出，才能走向人生輝煌的頂點。

曾國藩的一生都是在忍耐中走過來的。

道光十四年的春天，曾國藩來到長沙嶽麓書院讀書。與他同住一個宿舍的是當地知府的兒子，他性情怪僻，很看不起曾國藩。

曾國藩的書桌離窗有幾尺遠，屋子裡的光線又不好，看書很是吃力。為了借光，曾國藩就把書桌往窗口移了移。那個書生發怒道：「把我的光都遮了，我怎麼看書呢？」對於同室的蠻橫、無理，曾國藩忍住心中的怒火說：「那我放在哪兒呢？」書生指著床側惡狠狠地說：「可以放這裡。」曾國藩依言擱在床側。半夜曾國藩仍讀書不輟。那個書生又發怒道：「平日不讀書，這個時候讀，還讓不讓人睡覺？」曾國藩便無聲默讀。

曾國藩忍受著同室的羞辱，發奮讀書，為他日後能夠順利地走入仕途奠定了基礎。

對於我們普通人來說，忍不但可以成就健全的人格，還可以與人建立圓滿的人際關係，維護幸福的家庭，成就各自的事業。

「忍」，是良藥，雖然苦口，但有利於為人處世。能忍的人，走到那，都是海闊天空，朋友遍天下；不能忍的人，去到那，都會處處樹敵，最後受傷的一定是自己。

做人就必須忍，這是上帝對人的一種考驗。「忍」這種品格，重要性不亞於「恕」。輕浮暴躁沉不住氣的人，是不可能有所成就的，「大氣者大志，大志者大器」，說的就是這個理。

強權的社會，險惡的人心，不公的世道，一切的一切，單靠個人的力量是無法改變，但是要在這樣的環境中生存下去，你就得改變自己，學會忍。忍什麼呢？忍苦、忍欺、忍世。

忍苦，就是要吃苦耐勞，忍常人不能承受之苦，甚至感情上的痛苦；忍欺，就是要像韓信忍胯下之辱，司馬遷忍宮刑之辱一樣，在屈辱中磨練自己的意志；忍世，就是要忍受社會的不公。學會了這「三忍」，成功離你也就不遠了。

【名家評析】

謝氏曰：君子於其所不當為不敢須臾處，不忍故也。而季氏忍此矣，則雖弒父與君，亦何所憚而不為乎？

第六十六章　慎終追遠　以禮事之

【原文】

子曰：生，事之以禮；死，葬之以禮，祭之以禮。

【譯文】

孔子說：「父母活著的時候，要依照禮節侍奉他們；父母去世，要依照禮節埋葬他們，要依照禮節祭拜他們。」

【延伸閱讀】

魯國大夫孟懿子有一次向孔子請教什麼是孝道，孔子說：「不要違背禮節。」

一次，樊遲為孔子趕車，孔子便告訴他說：「孟懿子問我什麼是孝道，我告訴他說，不要違背禮節。」樊遲問：「這是什麼意思？」孔子說：「父母活著時，按禮節侍奉他們，父母去世，按禮節埋葬他們並照禮節祭祀他們。」

孔子非常強調禮節。對父母要「事之以禮」，「葬之以禮」。他認為這就是孝道。

慎終追遠是孝道的具體展現，孝道也就是人道，是實行仁道的根本──孝悌也者，其為仁之本與！所以過去給皇帝

第六十七章　道之以德，齊之以禮

【原文】

子曰：道①之以政②，齊③之以刑④，民免⑤而無恥。道之以德，齊之以禮⑥，有恥⑦且格⑧。

【注釋】

① 道：方法、手段之義。

② 政：政令、政權力、法制之強權機制之義。

③ 齊：比肩、類齊、相類、整治之義。

④ 刑：刑罰、對人生部分或全部的自由權利度進行控制等手段之義。

⑤ 免：隱藏、隱蔽、苟免、暫時避免之義。

⑥ 禮：禮義，禮法，禮儀，涵德法雙彰之義。

⑦ 恥：慚愧之心，羞恥之心，恥辱之心。

⑧ 格：格除、杜絕之義。

【譯文】

孔子說：「用政令來訓導，用刑法來整治，老百姓知道避免犯罪，但並沒有自覺的廉恥之心。用道德來引導，用

朱子評：道，音導，下同。道，猶引導，謂先之也。政，謂法制禁令也。齊，所以一之也。道之而不從者，有刑以一之也。免而無恥，謂苟免刑罰。而無所羞愧，蓋雖不敢為惡，而為惡之心未嘗忘也。道之以德，齊之以禮，有恥且格。禮，謂制度品節也。格，至也。言躬行以率之，則民固有所觀感而興起矣，而其淺深厚薄之不一者，又有禮以一之，則民恥於不善，而又有以至於善也。一說，格，正也。

禮教來整治，老百姓就會有自覺的廉恥之心，並且心悅誠服。」

【延伸閱讀】

孔子與衛文子有一段對話，對這裡的論述做了發揮。

孔子說：「用禮教來統治、管理國家、社會與民眾老百姓，就好比用韁繩來駕馭馬，駕馬者只需要握住韁繩，就能控制住馬，就能使馬按照駕馭者的意思行走。而用刑法來統治百姓，就好比不用韁繩而用鞭子來驅趕馬，那樣馬就很容易失去控制，甚至駕馭者會有從馬背上摔下來的危險。」

衛文子問道：「既然如此，不如左手握住韁繩，右手用鞭子來驅趕，馬不是跑得更快嗎？不然的話，只用韁繩，那馬怎麼會怕你呢？」

孔子還是堅持說：「只要善於使用韁繩，駕馭的技術到家，就沒有必要用鞭子來驅趕。」

這裡的對話是非常有哲理的。實際上說的是儒家政治與法家政治的區別：儒家治理國家主張德治，以道德和禮教約束民眾；法家則主張法治，以政令、刑法驅使民眾。德治側重於心，法治側重於身。而衛文子的看法，則是德治、法治兼用，儒、法並行。

只是孔子針對當時法家的「法治」路線。提出了「為政以德」、「道之以德，齊之以禮」的「禮治」路線，強調道德教化的作用。

孔子認為「道之以政，齊之以刑，民免而無恥」，行政命令、刑法這些強制性的手段只能起一時的震懾作用，老百姓不會心服。如果用「德治」、「禮治」的辦法，老百姓就會「有恥且格」，服從統治了。孔子特別指出「《詩》三百，一言以蔽之，曰：「思無邪」。」因為《詩經》語言

【名家評析】

書曰：格其非心。愚謂政者，為治之具。刑者，輔治之法。德禮則所以出治之本，而德又禮之本也。此其相為終始，雖不可以偏廢，然政刑能使民遠罪而已，德禮之效，則有以使民日遷善而不自知。故治民者不可徒恃其末，又當深探其本也。

第六十九章　知及之　仁能守之

【原文】

子曰：知①及之，仁不能守②之，雖得之，必失之。知及之，仁能守之，不莊③以涖④之，則民不敬⑤。知及之，仁能守之，莊以涖之，動之不以禮，未善也。

【注釋】

① 知：智慧。
② 守：擁有。
③ 莊：嚴肅莊重。
④ 涖：治理。
⑤ 敬：順從。

【譯文】

孔子說：「依靠個人的智慧得到了它，不能依靠仁德長久地擁有它，雖然得到了，也一定會失去。依靠個人的智慧得到了它，依靠仁德長久地擁有它，不能用莊重的態度去治理，那老百姓也不會服從。靠智慧得到了它，靠仁德保持了它，又能用莊重的態度去約束，但不能用禮法去約束、指揮

百姓，那還是沒有達到盡善的地步。」

【延伸閱讀】

得到的是什麼？保持的又是什麼，從深層次上看，應該是權力。

古語云：「創業易，守成難。」依靠個人的聰明才智，取得一些成績是容易的，但要長久的保持住成就，就不是那麼容易了。一般性地保持也還可以做到，要進一步用莊嚴的態度去治理，用禮法去約束、指揮，那就更難了。因為這已不是消極被動地守成，而是積極主動地建樹，是以攻為守了。這就是本章的主旨所在。

儒家所提出的智、仁、莊、禮，是四個層次的修養和要求，做人做事只有這四個層次都做到才能算是達到完善的地步。但是，在現實生活中一般人是很難都做到的。

其實，不只是從政如此，諸如我們創業經商，也是這個道理。比如說，在今天市場經濟體制的時代，有一些人抓住了時機，憑藉自己的知識和智慧，又適逢其緣，便小有所成。但由於不能「仁以守之」，貪心不足，該收手的時候不知道收手，結果一夜之間又回到一無所有的原點。如此等等，其實都有一個「得」與「守」的關係在內。

從這些角度來理解，孔子的話就不僅僅局限於政治的範圍，而是與我們每個人的生活與事業密切相關了，所以具有普遍的通則。

一時得到並不代表將來也能擁有。居安而不思危，只知沉浸在已有的成就中，而忘記了往昔受苦受難的日子，忘記了貧賤時患難與共的親戚朋友。

孔子的微言大義正好有這種效果，可惜的是，「驕傲無知的現代人，不知道珍惜」，若長此以往，豈不悲哉？

第七十章　未能事人　焉能事鬼

【原文】

季路問事①鬼神。子曰：「未能事人，焉②能事鬼？」

【注釋】

① 事：事奉。
② 焉：怎麼。

【譯文】

子路問如何事奉鬼神。孔子說：「還不能事奉人，又怎麼能事奉鬼呢？」

【延伸閱讀】

春秋時期，人們還是很迷信的，篤信鬼神的存在，懼怕死亡，竭力想弄懂死亡是怎麼回事，以及如何擺脫死亡的恐懼等等。季路（子路）是孔子的門生，擅長政事，長年跟隨在孔子身邊。他問關於鬼神與生死的人生大問題，孔子沒直接回答他，而是用了一個反問，生都弄不明白，怎麼弄清楚死？孔子的意思就是說，人要腳踏實地，先做好眼前的事。

【名家評析】

李嘉誠評：先做好眼前事，是成事的最基本的條件，也是最基本的生存條件。

做事要腳踏實地，就得一步一步地來，一個台階一個台階地上，不可急於求成，循序漸進是事物發展的規律。成功的訣竅展現在一個「度」上，不可操之過急或過緩，要掌握求穩漸進的奧妙。做事要求穩妥和周全，穩紮穩打，一步接一步地有序進行。急於求成，就會功敗垂成。

我們要務實一些，把眼前的事先做好了，再求其他。再好的事情，條件沒成熟前也不能急求躁進。不務實的人以為真能「空手套白狼」，結果只能是自己被狼吃了。同樣地，狂妄的人張牙舞爪，最後必無大成就，因為他把精力耗在那些外在的東西上了，人只有專注於眼前的事情，務實不虛，才能從低飛高。

一位年輕人做夢都想考入一所著名法律學院，在填寫申請表時，主考官出了一個這樣的題目：「你能勝任法官工作嗎？」年輕人捫心自問，覺得自己的性格、能力還不適合做這項工作，於是，他很誠實地回答：「對不起！我難以勝任」然後交回表格。

同去的同學都回答「是」，理由是受到拿破崙一句名言的影響：「不想做將軍的士兵不是好士兵。」這位年輕人想，只有自己填上「我不是」，看來是不可能被錄取了。可是，放榜之日，出乎他的意料，他竟然榜上有名！

學院的回信中寫道：「我們在審查過所有的申請表格之後發現，有一千個人覺得自己能勝任法官工作，我們當即決定首先錄取你，因為我們這一千位法官至少需要一個書記員！」

一個人志向遠大，想成就大的事業，是一件好事。拿破崙有句名言：「不想當將軍的士兵，不是好士兵。」但是，想當是一回事，如何當上又是另外一回事。這需要付出艱辛的努力從士兵到將軍，需要你一步步去努力，沒有人一生下

一個即將走進墳墓的人。」

「你有權評定你自己是愚蠢的平凡人，我只想提醒你，只要有確定的目標，在任何時間，做任何事，都不會妨礙思考和研究，甚至有助於思考和研究，他們自以為浪費了時間，實際上並沒有浪費。」

「但是，我真的已經很老了，我還行嗎？」皇甫松說。

「我七十歲那年，擬訂完成一個需要十年才能完成的研究計畫。我向一位三十多歲的年輕朋友談到這個計畫，他笑了。我知道他為什麼笑，在他看來，七十歲的老人，時日已不多了，還能做什麼？十年過去了，我的工作如期完成，至今仍然在實驗室忙著。」他挺了挺胸，笑了。

「你那位年輕朋友現在如何呢？」皇甫松問。

「他已經步入中年，跟你一樣，不再年輕。」

「對他來說，這十四年來應該是黃金年齡，相信他取得了傲人的成績。」皇甫松說。

「不，在這十四年裡，他什麼也沒有做。」

「為什麼？」皇甫松問。

「依舊得過且過，棲棲遑遑混日子。十四年，一眨眼就過去了。」

這一番話，如當頭一棒，皇甫松呆了。

皇甫松雖然浪費了十幾年的光陰，但可貴的是，他在中年的時候，畢竟懂得了生活的真諦——人生需要規劃。相信他會加倍的勤奮，成就一番事業，做自己想做的事，彌補已經逝去而無法再挽回的歲月。

人生不能沒有目標，沒有前進的方向，正如錢財需要打理。不懂規劃者，不能明白「磨刀不費砍柴工」的道理。人活著要有自己長期的打算，有自己的一套想法和規劃。無論你是打算專心的做研究，還是打算好好的做生意，或是去做其他任何事情，都要有自己一個長期的規劃，並為之努力奮鬥。透過這些可見的有跡可尋的設計圖去預知

自己的未來，適當調整自己的人生軌道，實現自我價值，獲得如意人生。

　　成功的人生離不開好的規劃，同時也離不開在正確規劃指導下的持續奮鬥。人生如大海航行，人生規劃就是人生的基本航線，有了航線，我們就不會偏離目標，更不會迷失方向，才能更加順利和快速地駛向成功的彼岸。

第七十二章　君子欲訥於言

【原文】

子曰：君子欲訥^①於言而敏^②於行。

子曰：君子欲訥①於言而敏②於行。

【注釋】

① 訥：音ㄋㄜˋ；語言遲鈍，不善講話。
② 敏：敏捷。

【譯文】

孔子說：「君子說話要謹慎，而行動要敏捷。」

【延伸閱讀】

俗話說：「禍從口出」、「言多必失」，一不留神說了不該說的，就會招人嫉恨，惹來是非。所以說，為人處世一定要管好自己的一張嘴。該說的說，不該說的就一定不要說。

翻開典籍看看，有很多歷史名人對這一點都感觸很深。這不，晚清名臣曾國藩就是一個。

曾國藩的出現，使清朝的歷史延續了六十年，被後人

稱之為「晚清中興」之臣。他的功勳自不待言，但就是這樣一個功績卓著的人，在年輕的時候，說話也不注意分寸，喜歡直來直去，「每口總是話過多」，口無遮攔。而且，經常為一些雞毛蒜皮的事情與人爭得面紅耳赤，這還不算，他還有「議人短」的毛病。他自己也深知如果不管好自己的這張嘴，勢必會給自己招來殺身之禍的，為此他下定決心治口。

治口就是慎言語，不議人短長，曾國藩後來尤其遵循不背後議論人。

一次在給他弟弟的信中說：

世事變化無常，我們普通人是難以把握的，過了今天，不知道明天會是什麼樣子。人情難知，天道更難測，對於別人的事情，與自己毫不相干，不要無所顧忌的大加議論、指責，這樣對自己沒有什麼好處。孔子曾說：「君子欲訥於言而敏於行」，你的見識本來就很淺薄，人生經歷也不豐富，生性又多疑，說話更是不嚴謹。捕風捉影，道聽塗說，就要硬斷天下大事。天下的事情果真就這樣容易了斷嗎？

曾國藩對弟弟曾國荃自視過高、好妄斷天下事的缺點給予了很嚴厲的批評。

有一次曾國荃讀唐代的一篇文章，讀著讀著就議論開了，說文中的某某是小人，某某是君子。為了顯示自己，他就把這事給哥哥曾國藩寫信說了。

曾國藩一看來信非常不高興。他認為評價一個人物，從不同的層面和角度會得出不同的結果，輕易地說某人是君子，某人是小人是閱歷不深、視天下後世太輕的緣故。於是就給弟弟去信說：文章一篇，就能讓天下人、後世之人都知道某某是小人等，未免把文章看得太重，而把天下與後世看得太輕了。因此，不要輕易地下結論。你所談論的是與非，換成別人可能就不以為然，換一個地方則說法更要發生變

華志文化